明代皇陵堪舆考

谢宇 主编

華龄出版社

责任编辑：李成志
摄　　影：常岩松
装帧设计：李建军
责任印制：李未圻

图书在版编目（CIP）数据

明代皇陵堪舆考 / 谢宇主编. -- 北京 : 华龄出版社, 2013.1
ISBN 978-7-5169-0244-8

Ⅰ. ①明… Ⅱ. ①谢… Ⅲ. ①陵墓－研究－中国－明代 Ⅳ. ①K928.76

中国版本图书馆CIP数据核字(2012)第284408号

书　　名：明代皇陵堪舆考
作　　者：谢 宇　主编
出版发行：华龄出版社
印　　刷：北京画中画印刷有限公司
版　　次：2013年1月第1版　2013年1月第1次印刷
开　　本：700×1000毫米 1/16　　印　　张：14.5
字　　数：280千字
定　　价：30.00元

地址：北京西城区鼓楼西大街41号　　邮编：100009
电话：84044445（发行部）　　传真：84039173

编委会名单

目录

第一章　堪舆学概说

堪舆，也就是我们通常所说的风水，几乎每一个对中国文化和民俗稍有了解的人都知道，这是中国特有的一门与建筑环境规划有关的学问，主要内容是为选择建造地点而对地形、地貌、景观、气候、生态等各环境要素进行综合评价，提出建筑规划和设计的一些指导性意见，指出哪些是应该追求的、哪些是应该禁忌的。其范围包括住宅、宫室、寺观、陵墓、村落、城市诸多方面，其中涉及陵墓的称为阴宅，涉及其他方面的称为阳宅。

据考证，“堪舆”本来是一个神名，用来指称北斗星辰。西汉初期的《淮南子·天文训》曾提到：“北斗之神有雌雄。十一月始于子，月徙一辰。雄左行，雌右行。五月合午谋刑，十一月合子谋德。

太阴所居辰为厌日，厌日不可以举百事。堪舆徐行，雄以音知雌，故为奇辰。”星命之术在春秋至两汉期间颇为盛行，古人相信天上星辰的运行变化，是与世间人事的吉凶祸福密切相关的。后世以“堪舆”指称相宅相墓趋吉避凶之术，实质上源于这种天象决定命运的观念。

东汉著名语言学家许慎在注《淮南子·天文训》时，将“堪舆”二字的意义作了引申：“堪，天道也；舆，地道也。”唐代颜师古注《汉书·扬雄传》引三国魏人张晏的话说：“堪舆，天地总名也。”清代学者朱骏声在《说文通训定声》中又进一步解释为：“盖堪为高处，舆为下处，天高地下之义。”高者为阳，低者为阴，所以堪舆实为阴阳天地之道，最早的堪舆家正是利用天文地理对应关系方面的学问来占卜吉凶的。

堪舆之术最初简单而朴素，是一种纯粹的生活经验总结。后来随着中国文化的不断发展，堪舆术也融入了古老阴阳五行、天人合一、天干地支等观念，理论越来越复杂，术法也越来越繁琐，由一种纯粹占卜吉辰的天文式术，与相宅、营造、形法之术互相渗透，最终确立起一个庞大精奥的堪舆文化体系。这一体系包含着一系列根本观念和理论内核，如阴阳、河图、洛书、八卦，等等。这些观念对堪舆产生过很大的影响。

堪舆术在历代沿革中出现过不少别称，如风水、相宅、地理、形法、青囊、青乌，等等。其中最有名的当属“风水”一词，其知名度和使用频率要远远超过“堪舆”，不惟中国人熟知，就连许多外国人也久闻“风水”大名。

按照公认的说法，最早给风水下定义的是托名晋人郭璞的《葬经》：“葬者，乘生气也。气乘风则散，界水则止。古人聚之使不散，行之使有止，故谓之风水。”该书还对这一术名进行了较为清晰的解释，权威地为后世界定了“风水之法”的原则：“得水为上，藏风次之”。也就是说，相地之法，得水是最大关键，其次才是藏风。

清人范宜宾为《葬经》作注云：“无水则风到而气散，有水则气止而风无，故‘风水’二字为地学之最重，而其中以得水之地为上等，以藏风之地为次等。”藏“风”和得“水”，合起来讲就是风水。既可以用来指称一种相地之术，也可以指宅基地或坟地周围的风向、水流、山脉等形势。

为什么要“藏风得水”呢？因为风水特别讲究的是“乘生气”。风水学中的“气”或“生气”，并不是我们平常所说的空气，也不是任何实有的气体，它被认为是一种抽象而强大的力量，是一种能带给万物以生命的阴阳冲和之气，能左右万物的盛衰和消长。所以，风水中才会把有生气的地方称为吉、无生气的地方称为凶。葬者得“生

气”，能让“遗体受荫”，子孙也能交好运；对阳宅的选择同样强调乘生气而避死气。所谓的“看风水”，其实关键是看“气”。

堪舆家认为，“气”在土中化生运行，但它只有处于静止的状态，即“气止”，才是理想的状态。而要达到“气止”，风和水是关键因素，这就是所谓的“气乘风则散，界水则止”，所以凡“藏风得水”之处可称风水宝地。通过藏风，可保持小环境的生气和生机不会散失。反之，生气的散失意味着“生机”的丧失，这样的环境是“凶”的表现。

在人们的印象里，堪舆向来等同于封建迷信和糟粕，其鬼福及人、福祸荫应的荒诞观念也一直为人所诟病。然而不可否认，堪舆中也包含着许多朴素的科学道理，值得我们好好研究。比如程朱等不少士人关于风水的一些概括。“……所谓风者，取其山势之藏纳，土色之坚厚，不冲冒四面之风……所谓水者，取其地势之高燥，无使水近夫亲肤”，达到“葬者藏也，无风、蚁、水三者侵体之害”等等，还有关于峦头形势方面的论述，涉及环境景观方面的内容，今天看来也往往很精辟。如果对堪舆只是一味简单粗暴地全盘否定，只会将那些合理的内在因素也一并抹杀。

近代以来，对堪舆学的研究也越来越为中外学人所重视。英国学者伊特尔在1873年初版的《风水：古代中国神圣的景观科学》说：“在我看来，风水无论如何是自然科学的另一种名称。”“风水是可以被称作宗教与科学的完全混合的东西，……从科学的角度看，我们迄今为止只能非常宽容地说，中国物理科学是对自然的粗浅猜测的凝聚物，被怪诞地运用幼稚的模式而发挥了。……风水理论包含着显著的美学成分和深刻的哲理，中国传统建筑同自然环境完美和谐地有机结合而美不胜收，皆可据以得到说明。”

无独有偶，世界著名的科学史专家、英国剑桥大学的李约瑟博士在《中国的科学与文明》一书中，也曾经发表过他对堪舆的类似看法：“风水实际上是地理学、气象学、景观学、生态学、城市建筑学等等一种综合的自然科学……是中国古代的景观建筑学。”“在许多方面，风水对中国人民是有益的，如它提出植树木和竹林以防风，强调流水近于房屋的价值。虽在其他方面十分迷信，但它总是包含着一种美学成分，遍布中国农田、民居、乡村之美，不可胜收，都可藉此得以说明。”

堪舆对中国传统文化的影响是显而易见的。在古代，特别是汉唐以后，上自帝王宫室、陵墓，下至官署、寺庙和民宅，在选址和营建过程中大多以堪舆理论为金科玉律。走遍中国，我们的世界文化遗产如故宫、颐和园、天坛、明清皇家陵寝、秦始皇陵、曲阜孔府、孔庙、孔林、承德避暑山庄及周围寺庙、武当山古建筑群、苏州古典园林、丽江古城、平遥古城、安徽古村落等，都深深地打上了堪舆的烙印。作为老祖宗给我们留下来的文化遗产，堪舆包含着丰富的文化意蕴，折射出我们民族独特的建筑观、自然观及深层的民俗信仰和心理。因此，从文化传承的角度而言，要真正透彻地理解中国深厚的文化底蕴，堪舆确实是一个绕不过去的课题。

第二章
堪舆学的两个基本内容

人的一生有一半以上的时间是在家中度过的，住宅本身及环境的好坏与人的日常生活关系极大，特别是中国社会自古以来安土重迁，住宅更成了人生中绝对重要的内容。堪舆的本质，其实正是对住宅的选择与规划，正如《释名》所云："宅，择也，言择吉处而营之也。"

在堪舆家眼里，"宅"不仅包括生人居住的房屋，还包括死者"居住"的寓所，也就是埋葬死者的坟墓——前者被称为阳宅，而后者则被称为阴宅。由此，堪舆术便分为阳宅堪舆和阴宅堪舆两个部分。

（一）阳宅堪舆

对于阳宅的重要性，著名的堪舆文献《黄帝宅经》开篇就写道："夫宅者，乃是阴阳之枢纽，人伦之轨模。非夫博物明贤，未能悟斯道也。……凡人所居，无不在宅。……故宅者人之本，人以宅为

家，居家安，即家代昌吉，若不安，则门族衰微。”认为住宅是阴阳的关键，人伦的规范，是人们的生存之本。人以宅为家，居住安逸，就会世代昌盛吉祥；反之，则会家族衰败。上到国家，下到村野、山区，都是一样的道理。个人的命运前程和家族的盛衰沉浮都由居址环境主宰，应当选择最佳住宅环境，建造最适宜居住的房屋，这种思想成为阳宅风水的一个核心观念。

在这种观念的影响下，人们十分重视阳宅堪舆的好坏，历代文献中不乏这方面的相关记载。如《御览·居处》引王隐《晋书》记载：魏舒从小丧父母，住在外祖父宁氏家，“宁氏起宅，相者云当出贵甥”。魏舒听了以后说：“当为外氏成此宅相。”于是少年立志，发奋向上，后来果然贵不可言。又如三国时，吴国将军丁奉一家曾被吴后主孙皓流徙，丁家的住宅后来也成了一处著名的凶宅。到了晋朝，在丁家的旧宅先后住过的许多大户人家都纷纷“凶败”了。当时有个名叫王富绰的人，平时“常以正达自居”，认为“宅无吉凶，请为宅，未经择吉，即造筑，结果仍然未居而败”。从类似事例，不难发现当时相宅风气的盛行，以及人们对居宅堪舆的重视。

历代名人的住宅，也大多选在风水宝地，体现了对阳宅堪舆的重视，如百里奚、范蠡、郑玄、陶潜、谢玄、嵇康等人的宅地被传诵千年。传闻光武帝的旧宅在六安县，靠近白水，取龙虎白水之义。历来公认最好的阳宅有两处，一为山东曲阜孔子旧宅，地居泰山之下，洙泗二水交流，乃是平原得水之贵格，故子孙福祚绵远，千万年不绝；

一为江西龙虎山张道陵旧宅，有青龙白虎盘踞之势。

阳宅堪舆传承弥久，历代推衍应用，形成了非常复杂的体系，对中国传统建筑，尤其是居住建筑，产生了广泛而深刻的影响。概略地讲，相宅之法有形法、理法、日法之分，涉及建筑定点、定向与营造的定时。按流派说来，形法属于所谓“形势派”，注重自然地理，包括生态、景观诸因素的审辨和选择，以及对应处理方法；而理法、日法则多属所谓“理气派”，十分讲究方位、时辰的吉凶占卜与禁忌。

阳宅堪舆根据住宅所处环境不同，又有所谓井邑之宅、旷野之宅、山谷之宅等分别，在相法上也各有所侧重。相比较而言，旷野之宅和山谷之宅与周围自然地理环境关系密切，其相宅之法多注重于形法；而井邑之宅的外部环境更多地涉及人文因素，理法往往成了相宅的主要手段。

（二）阴宅堪舆

阴宅堪舆主要是把先人骸骨选择在一个山川灵气所聚集的地方安葬，使骸骨得以生气，认为此气便可荫及有骨肉之亲的子孙后代。这种术法的产生，源于“灵魂不死”的观念。

早在上古时期，人们就坚信死去的人灵魂永在，而且有自然的能力，能够影响生者的命运，因而对其充满了敬畏。《日书》中多次出现“甲乙有疾，父母为祟”，“丙丁有疾，王父为祟”等言辞，说明人们相信亡者有可能“为祟”，祸及生者。到了汉代，灵魂不灭的观念更是与谶纬、方术等结合起来，空前流行。人们普遍持有“人死则为

神鬼而有知”的观念，“事死如生”也成了顺理成章的事情。

在古人看来，尸体是灵魂的归宿处，墓冢则是灵魂的安托之所，是死者开始另一种“生活”的世界。如陕西临潼姜寨村仰韶文化村落遗址中，居住区和墓葬区是以壕沟隔开的，氏族成员、夫妻伴侣、子孙儿女们共同埋葬在一处，到另一个世界去欢聚。许多墓葬中出土了许多生产工具、生活用品及装饰品，意即便于他们在另一个世界里继续使用。死者“生活”得好不好，满意不满意，决定了他们给生者带来的是福还是祸，所以古人们一再强调“安冢墓，利子孙”，把坟墓叫做“阴宅”。

史料证明，至少在战国后期，将阴宅与人事的吉凶祸福相关联的观念就已经出现。据《史记 · 樗里子传》记载：

昭王七年，樗里子卒，葬于渭南章台之东。曰：“后百岁，是当有天子之宫夹我墓。”樗里子疾室在于昭王庙西渭南阴乡樗里，故俗谓之樗里子。至汉兴，长乐宫在其东，未央宫在其西，武库正直其墓。

樗里子名疾，是当时秦惠王同父异母的弟弟，他生前亲自选定自己的葬身之处，并预言百年之后，会有“天子之宫夹我墓”。等到汉初营建宫殿，他的话果然应验了：长乐宫和未央宫就分别建在其墓地的东西两边。可以说，樗里子是历史上最早将墓地与后世之福祸联系起来的术者，他也因此被后世的堪舆家们奉为一个远祖。

那么，死者又是怎样影响和决定生者祸福的呢？郭璞的《葬书》是这么阐述的：

葬者，乘生气也。……生气行乎地中，发而生乎万物。人受体于父母，本骸得气，遗体受荫。盖生者，气之聚凝，结者成骨，死而独留。故葬者，反气内骨，以荫所生之道也。经云：气感而应，鬼福及人。是以铜山西崩，灵钟东应；木华于春，栗芽于室。

这段论述是《葬书》的总纲，其实也是整个古代阴宅堪舆术的理论基点。按照以上观点，人的骨是气聚凝结而成的，人死后，精

神不灭，聚于坟墓中，受大地之气的滋润，可使枯骨获得生气。而有亲缘关系的死者与生者之间虽然生死殊途，但却情气相感。先人与后代同为一气，气同则相感，枯骨得生气，生人会受福荫，这就是所谓的“气感而应，鬼福及人”。在这种“感应”模式中，“气”成了至关重要的媒介。天地充溢着气，葬者接地气以纳天地之气，死骨得到以后可以不朽，还可以转授生人，让生人得到以后便大吉大福。实际上，这种认为祖先与子孙的气息能

够相互感应，从而使祖先的葬地影响子孙福祸的观点，也是古代天人感应学说的一种体现。

“事死如生”、“鬼福及人”的观念与儒家大力提倡的“孝道”结合起来，阴宅堪舆得以大行其道，历代不衰，并逐渐形成一套隆重复杂的祭祀礼仪制度和墓葬制度。坟墓被认为是安葬祖宗及父母之首丘，上可尽送终之孝，下以为启后之谋，所以上至皇帝，下至百姓，对坟墓的安置均格外重视。而作为为人择地卜葬的历代堪舆家，更以阴宅堪舆为当务之先。

在阴宅堪舆的发展图景中，皇家陵寝的营造无疑是最浓重的一笔。按阴宅堪舆的说法，一家之主的阴宅风水，会影响一家人的命运；而一国之君陵墓的风水，就会影响一个国家、一个皇朝的命运。因此，历朝历代的帝王们都将陵寝的选择作为决定国运盛衰的头等大事。许多帝王往往登基之后就着手修建陵墓，并指定朝廷重臣专门负责。那些倾全国之人力物力修建的皇陵，其规模之宏大，气势之恢弘，达到了惊人的程度。

第三章
堪舆文化的起源与流变

在堪舆成为一门玄奥复杂的相地术法之前，与堪舆相关的原始意识早已萌生。

据考古发现，原始人类对栖身之处的选择都是有讲究的。正如《墨子·辞过》中所说，他们或“就陵阜而居”，或“因丘陵掘穴而处”，已考虑到居住环境中对地形的利用。“陵阜”即指那些靠近河流的土坡。选择在那里居住，既便于取水捕鱼，又能够躲避经常发生的水患，这或许就是后世堪舆家所说的“近水而居”的由来。

原始人类一开始是居无定所的。他们在漫长的岁月中迁徙不

定，大多数时候不得不栉风沐雨，餐风露宿。直到大约距今6000～7000年前，原始农业发展起来以后，他们才开始了聚集定居的生活。这时人类已经意识到，居室乃安身立命之处，要乐业，必先安居，住得好不好实在是与农耕生产生活休戚相关的。人们当然希望住宅既能遮蔽夏天的烈日，又能保证冬季的日照；既可通风，又能保暖，还要能躲避洪水猛兽的侵害。于是，择地而居的观念进一步发展，人们不再消极地顺应自然，在聚落选址的实践中慢慢摸索出经验。

对仰韶文化和龙山文化遗址的考察表明，当时的氏族村落或是分布在江河两岸的台地和坡地上，或是位于江河转弯与两河交汇处。这不仅可以避免洪水的侵袭和方便汲水，而且还适于农业、畜牧、狩猎和捕鱼等生产活动。此外，那些村落的建设还具备了方位的概念，懂得方位与日照和风寒的关系，比如大多数房屋都是朝南的，便于采光。其依山傍水、背风向阳的择地筑建方式，正体现出后世堪舆术所尊崇的“近水向阳”的原则。

1988年，考古学家在河南濮阳西水坡属于仰韶文化时期墓葬中，发现了一幅用蚌壳精心砌塑而成的青龙、白虎图案，分别位于被葬者的两侧。这说明，早在仰韶文化时期，就已经出现了堪舆术中有名的“四灵”（即玄武、朱雀、白虎、青龙）概念的雏形。

在漫长的发展过程中，堪舆术总结出不少可供遵循的择地模式，其中最有名的就是所谓的“左青龙，右白虎，前朱雀，后玄武”。具体地说，就是选择的地方要依山面水，俯临平原，左右护山环抱，面前朝山、案山拱揖相迎。《葬书》很形象地把这种模式描述为："玄武垂头，朱雀翔舞，青龙蜿蜒，白虎驯俯。"如果这一墓葬中的青龙、白虎图案也有指位作用的话，那么后世堪舆术中关于"青龙蜿蜒，白虎驯俯"的观念就可追溯到仰韶文化时期，这也是原始堪舆观念萌生的一个有力证明。

到了商周时期，人们对宅地居所的选择不再是单纯地顺应自然，而是加入了预测吉凶的卜筮术法。从殷墟出土的甲骨中，可以找到大量与卜宅活动有关的卜辞，如卜问在唐土作新邑是否合适、武丁作邑上帝是否允许的卜辞等。通过占筮来择居，一般称之为占居。在《易经》中，有好几条卦爻辞是涉及择居活动的筮辞，如"坤"卦云："安贞居。"

从遗留下来的卜辞来看，卜筮择居的内容主要是都邑的选址和营建。上古三代，都城往往迁徙无定，每一次都城的选址和修建都甚为重要，被看作与国势之盛衰息息相关的头等大事，部族首领和帝王们往往亲自负责此项工作。在很多文史资料中，可以找到商周民族经卜

筮而营建城邑的事迹，其中最为后世风水家们所推崇的，当属周人远祖公刘迁豳之事。

周民族原处邰地（今陕西武功县），为避夏人之暴虐，周人的祖先公刘率领部族翻过大峪岭，选择泾河边的豳地作为定居之地。《诗经 · 大雅 · 公刘》中详细描述了公刘勘察地形、规划营宅的各种细节，被认为是卜宅之文的滥觞，公刘也被推崇为堪舆学的一个远祖。

周灭商后，周成王为了巩固对商朝东方故地的统治，打算把都城迁到洛邑，于是派大臣前往那里察看山川形势、水土状况，看看是否适合建城。这就是《尚书 · 召诰序》所记载的“成王在丰，欲宅洛邑，使召公先相宅”。于是，太保召公先在瀍、涧两河之间周密勘察地理情况，又经过周公的反复占卜，终于在洛河附近营建洛邑。洛邑的营建既有严格的勘察相地过程，又经过吉凶的反复卜问，其最终定址也符合后世堪舆中“风水宝地”的标准，因而被后世视为古代早期经典的堪舆实践案例。

春秋战国时期，诸子百家争鸣，传统文化中的各种思想理论也在这一时期趋于成熟，并为堪舆术的形成作好了理论准备。后世堪舆学一些根本的思想观念，源头都可以追溯到这一时期。其中的阴阳五行学说和易经八卦理论为堪舆提供了一套操作性强的推衍和运算的符号系统，使堪舆术有章可循。后世堪舆中的形势派，也可以说本于这一时期的兵家和纵横家的形势论。相地相宅之术一方面由阳宅发展至阴宅，另一方面也掺杂入更多复杂的术数因素，不再是单纯的卜筮，并进一步将住宅与吉凶福祸的预测联系起来。

这一时期，人们对自然地理包括地质、水文、地形等的了解也更为丰富，相地之学达到更高的水平。春秋吴国的名相伍子胥提出了“象天法地”的理论，他在为吴王指导构筑阖闾城（即今苏州）时，建陆门八座，以象天之八风；水门八座，以法地之八卦。战国时期，依托管仲之名而汇成的《管子》一书总结了古人的相地经验，以地理环境和经济实用为出发点，提出要根据不同地形来进行择居和建筑。这样的观点也成为以后堪舆理论的重要内容。

至迟在秦代，出现了“地脉”的观念。所谓的“地脉”，就是龙脉与王气、天子之气，这一观念也成了后世堪舆术的重要理论基础。据《史记·蒙恬列传》记载，秦朝大将蒙恬曾受命督修万里长城和两千里驰道。秦始皇驾崩后，胡亥（即后来的秦二世）与赵高等谋夺皇位，矫诏蒙恬自杀。他在临终前一开始想不明白，“我何罪于天，无过而死乎？”后来想“明白”了：“恬罪固当死矣。起临洮属之辽东，城堑万余里，此其中不能无绝地脉哉？此乃恬之罪也！”他把自己的死归咎为在筑修长城和驰道时绝了“地脉”。这或许是堪舆“龙脉”理论的最早实例。

秦汉一统天下，为显大国天子之威权，统治者大兴土木，营建宫殿。秦始皇认为丰镐之间本是帝王之都，有帝王之都的形胜王气，于是在渭水南边的上林苑中建阿房宫；汉代帝王们又先后建有未央宫、新丰宫、德阳宫、柏梁台、寿宫等，并在汉武盛世时达到了这股营建热潮的顶峰。这股营建热潮历时长久，规模宏大，为当时的堪舆活动

提供了广阔的空间和实践的沃土，并发展出一些为后世尊奉的建筑原则。

秦汉时期，墓葬吉凶的观念也开始大行于世。人们相信“地脉”之说，地有灵气，也必然会接受墓地可祸福后人的观念。《史记·秦始皇本纪》记载有秦始皇为自己建造陵墓的过程：

始皇初即位，穿治郦山，及并天下，天下徒送诣七十余万人，穿三泉，下铜而致椁，宫观百官奇器珍藏满之。令匠作机弩矢，有所穿近者辄射之。以水银为百川江河大海，上具天文，下具地理。以人鱼膏为烛，度不灭者久之。

可谓规模空前。秦始皇很重视陵墓建造，从即秦王位时就开始进行，后来统一天下后更动用了七十余万人，竟然凿穿了三层地下水，历时数年才完成。有学者研究，秦东陵修建在骊山西麓、灞水之边，地势高敞，确实符合后世堪舆原则。

入汉以后，择葬求吉更成了一种普遍的社会行为。这时的阴宅

堪舆活动不仅有了观念上的共识，还发展了择葬的术法。这方面的术书，有王充在《论衡·讥日篇》里提到的《葬历》，这是古代择葬有法的一个先例。

与大一统的中央集权政体相适应，汉代的各种哲学思想也表现出鲜明的时代特色。西汉大儒董仲舒集前人思想之大成，创造出一套符号系统和推演模式，用阴阳五行来统摄宇宙万物，使杂乱无章的事物、现象渐趋规范有序。就连抽象的时间、方位等也被整合进这套体系。孟喜、京房等汉代象数易学家们则以阴阳八卦符号系统来统一万物，以数字来说明自然万物的变化规律。以上思想，加上汉代流行的谶纬图说，为包括堪舆在内的术数提供了推断人事吉凶的理论和方法，推动了堪舆术的最终创立。

思想理论的成熟也派生出实用的操作工具。1978年安徽阜阳双古堆西汉墓出土的著名的六壬式盘（栻），就是采用八封、天干地支来记方位。这种占盘很可能也用在当时的堪舆活动中，占卜择居的吉凶。一般认为，后世堪舆最基本的操作工具罗盘，即从这种占盘演变而来。

这一时期，还出现了最早的堪舆方面的两部专著。根据班固《汉书·艺文志》所录，一部是《堪舆金匮》（十四卷），专论堪舆方位之作，被班固列在六术之一的五行类；一部是《宫宅地形》（二十卷），专论城邑及房舍选址和规划之作，被归入形法类。这两部论著是对古代人们考察山川、聚落选址、都邑兴建的堪舆经验总结，很可能还融入了阴阳、八卦、五行和天干地支学说及其相

生相克理论。有研究者认为，后世堪舆理气派与形势派的区分最早大约肇始于此。

在东汉王充所撰的《论衡·诘术》一章中，曾提及一种名为“图宅术”的相宅之法。这种相宅法以宅舍的方位为占断的重要对象，将居宅的营建技术分为八种，其中之一是以干支相纪的办法，按六甲即甲子、甲寅、甲辰、甲午、甲申、甲戌顺序排列次第确定名称，于是得出宫、商、角、徵、羽五音的差别，再与房主姓氏的五音相配，从而得出生克关系。图宅术所尊奉的五音姓利说流传下来，对后世堪舆术产生很大影响，直到唐宋之后才渐渐式微。

魏晋南北朝时期社会动荡，战乱频仍，黄道思想盛行，佛教影响加深，这些都让堪舆术成为当时社会的显学和热门术数。特别是堪舆择葬以求福荫的风气不仅在民间盛行，也影响到上层的统治者。如据《南史·齐本纪》载，南朝宋明帝刘彧听说自己手下的大将萧道成家祖墓有五色云气，担心这是篡位之兆，便派当时的一位相墓高人前去察看。这位高人却知道萧道成将来必“贵不可言”，和萧悄悄打过招呼后，回来骗明帝说只不过出个大官罢了。明帝不放心，派人去践踏破坏，还用上了厌胜之法，可或许是因为仅仅浅表的破坏并不能损其帝王之气，他最终未能阻止萧道成灭宋建齐，当上皇帝。这一史料反映出当时堪舆术影响之巨，甚至已涉及政权的更替斗争。

六朝时期逐渐兴起的山水自然审美情趣，也与堪舆术相互渗透、相互生发。东晋的建立，使汉人的政治经济中心向南转移。而南方山脉丘陵逶迤，河川沟壑纵横，地形地物远比一马平川的中原故地复杂，从而孕育出自觉的山水审美观念，为堪舆地理文化的发展提供了厚实的土壤。

随着堪舆术的普及发展，不少文人开始参与这种社会时尚的著书立说，完备的堪舆理论体系也在这一时期建立起来。据《隋书·经籍志》著录，这一时期出现了大量的堪舆著作，如《五姓墓图》一卷，《梁有冢书》一卷，《黄帝葬山图》四卷，《五音相墓书》五卷，《五音图墓书》九十一卷等。

在堪舆兴盛的热潮中，出现了管辂和郭璞这两位对后世影响巨大的堪舆宗师。《三国志·魏书·管辂传》记载：

辂随军西行，过毌丘俭墓下，倚树哀吟，精神不乐。人问其故，辂曰："树木虽茂，无形可久；碑诔虽美，无后可守。玄武藏头，苍龙无足，白虎衔尸，朱雀悲哭。四危以备，法当灭族。不过二载，其应至矣。"卒如其言。

在这里，管辂通过"玄武藏头，苍龙无足，白虎衔尸，朱雀悲哭"这样的说法来预测吉凶，无疑是后世堪舆"四灵"（"四象"）择地模式的先祖。

郭璞的名气更大，对后世的影响也更为深远。王祎《青岩丛录》说：“择地以葬，其术本于晋郭璞。”堪舆学中最有名的文献《葬书》也被归到他的名下。和大多数“江湖”之气浓厚的堪舆术士不同，郭璞是当时一位著名的文人士大夫，才华横溢，却也精通堪舆，无形中提高了这门术法的地位，这或许也是他被追认为堪舆鼻祖的重要原因。

隋唐时期的堪舆术承续汉晋以来的强劲势头，堪舆活动盛行于朝野，精于此道者所在皆是，巩固了堪舆观念在世俗社会中的地位。

隋朝开国皇帝杨坚在开皇二年（582）开始谋建新都。当时的长安城自汉修建以来年代已久，排水不畅，生活用水污染，水碱太重，而且有被北边的渭河淹没的危险。据《隋唐嘉话》记载，杨坚有一晚梦到都城被水淹没，就下定决心建新都，这就是历史上有名的大兴城的营建。杨坚从一开始就强调“非谋筮从龟，瞻星揆日，不足建皇王之邑”，“以吉凶之土，制长短之命”。经过一番严格的勘察之后，新城地址选在了汉长安城东南二十里的龙首原之南。那里极目远眺，近可闻渭水声响，远可见终南山背影。负责工程设计建造的是左庶子宇文恺。《唐会要》提到他按照《易经》八卦之说，选择龙首原之南坡兴建宫城。南坡有六座冈阜，人称六坡。宇文恺视之为乾卦六爻，并按九一至九六的六爻爻序来设计、布局和建筑宫城、皇城、郭城。城建好之后，为了避免泄掉帝王之气，杨坚还下令宫、皇城之南的居民里坊，取消南北门而仅开东西门。大兴城的营建过程，清晰地体现了堪舆术在当时建筑活动中的重要作用。

进入唐代以后，堪舆之风有愈吹愈烈之势。吕才在《叙葬书》中

提到，择葬活动之泛滥，“遂使葬书一术乃百二十家，各说吉凶，拘而多忌”。不论达官贵人还是平民百姓，只要死了，都要择葬求吉，这成了一种普遍的社会习俗。这一时期的史料上就有不少关于堪舆活动的记载，如据段成式的《酉阳杂俎》所载：

莱州即墨县有百姓王丰兄弟三人。丰不信方位所忌，常于太岁上掘坑。见一肉块大如斗，蠕蠕而动，遂填其肉，随填而出。丰惧，弃之。经宿，长塞于庭。丰兄弟奴婢数日内悉暴卒，唯一女存焉。

在民间，宅子方位中“太岁”的禁忌由来已久，我们今天常说的“在太岁头上动土”，就是出自阳宅堪舆。从这一传说中可以看出，阳宅堪舆中的方位禁忌在当时也成了一种得到普遍认可的观念。

唐代佛教兴盛，这一时期佛寺的营建，不论在寺址的选择还是寺庙的格局上，都往往遵循堪舆原则。后世佛寺的兴建有意识地与堪舆观念结合起来，可说原本于唐。在这种风气之中，唐代出现了一些精通堪舆的僧人，其中名声最著者当为僧一行。他曾撰《五音地理新书》三十卷，这是一部典型的以五音姓利来讲堪舆的术书。他所发明的子午线测地术不仅极大推动了我国古代地理学的发展，还对后世堪舆产生了重大影响。

隋唐时期，堪舆类著作尤其是择葬术书大量流传，有泛滥之势。除一些见载于正史的“登堂入室”之作外，尚有江湖术士胡编乱造的大量劣作，一时泥沙俱下，良莠庞杂。于是，唐太宗令吕才主持整理历代包括葬书在内的各类术数著作，以正本清源，重整教纲。吕才历时15年，“勒成五十三卷，并旧书四十七卷”。他“以典故质正其理”，即以古今史实为依据，批判整理当时流行的各种术数观点，尤其着重批判了以五音姓利之法来占卜住宅方位的迷信观点，从根本上否定了五音相宅的合理性。五音姓利这一自汉代以来流传久远的迷信观念自唐宋以后渐渐式微，可以说与吕才的批判有很大的关系。

唐末五代，随着一代宗师杨筠松的出现，堪舆术真正亮出了开山立派的大旗。杨筠松本名杨益，字叔茂，“筠松”是他的号。由于民间关于他以堪舆术来扶危救贫的传说很多，他又被世人尊称为“杨救贫”。他祖籍庐陵，生长在窦州（即今广东信宜县），十七岁即登科第，辗转至京城长安任职，到唐僖宗时，拜国师，官金紫光禄大夫，享正三品，掌灵台地理事，也就是专管皇陵的勘察营建工作。到公元880年，黄巢起义军攻破长安时，杨筠松与知友仆都监一道携宫中堪舆等术数秘籍离开京城。杨筠松入昆仑山，辗转步龙南下，至虔化（今江西宁都）怀德乡（今黄陂一带）黄禅寺，为当地风水胜境所吸引，遂定居下来，传徒授业直至去世。

杨的足迹遍及赣南山山水水，远至湘闽粤相邻的部分县。他最出色的弟子是曾文遄、刘江东两位。经由他们师徒的出色的堪舆实践，江西一带堪舆盛行、影响遍及海内的局面从此开创。陈振孙说：“江西有风水之学，往往人能道之。”在这种背景下，堪舆史上的第一个流派江西派也渐渐兴起，至宋代而最终形成并达极盛。

后世归到杨筠松名下的著述有《撼龙经》、《疑龙经》、《青囊奥旨（或称〈青囊经〉）》《立锥赋》、《三十六龙》等。杨筠松的堪舆术仍尊袭汉晋以来的阴阳五行之说，但他结合自己的踏勘山水实践，更注意自然环境中地形、地势及地物的影响，后人赞颂他的堪舆术“曲尽地理造化运行之机，真参赞化育之大道”（《地理正宗·青囊奥旨序》。这种主张因地制宜、因形择穴、观察龙脉、分析地势、方位，从而择定阴宅、阳宅的最佳位置的堪舆理论，正是后来堪舆中的形势理论。

宋代是古代堪舆术发展的鼎盛期。在这一时期，堪舆尤其是择葬术空前盛行，在民间和宫廷都得到人们虔诚的信奉。宋仁宗曾组织编纂有名的《地理新书》作为官书。宋代皇帝建陵墓时，必定会依据阴宅堪舆的术法选址。尤其承袭唐僧一行的《五音地理新书》，宋初钦天监杨惟德的《茔原总录》，以及当时的许多堪舆术书如《五音地理经诀》、《五音三元宅经》等，五音姓利相墓之法仍很流行，当时皇家术士所用的就是此法。按照五音相墓法，宋代皇帝姓赵，在五音中属角声，当在南偏东、北偏西的轴向定址为宜。如《宋会要辑稿》中对宋真宗的葬礼记述云：“按经书，壬、丙二方皆为吉地。”

对宋代皇陵所体现出来的堪舆原则，赵彦卫《云麓漫钞》中有详细记载：

永安诸陵，皆东南地弯，西北地垂；东南有山，西北无山，角音所利如此。七陵皆在篙少之北，洛水之南，虽有冈阜，不甚高，互为形势。自永安县西坡上观安、昌、熙三陵在平川，柏林如织，万安山来朝，遥揖篙少。三陵柏林相接，地平如掌，计一百十三顷，方二十里云。今绍兴攒宫朝向，正与永安诸陵相似，盖取其协于音利……

堪舆术中的五音姓利说流行久远，经过王充、吕才等历代有识之士的批判，虽在宋代一度回光返照，但以后就渐渐衰落了。

著名的宋代理学为堪舆存在的合理性提供了有力的理论支持。如理学大师朱熹曾认为，“鬼神只是气，屈伸往来者，气也。天地间无非气，人之气与天地之气常相接。无间断，人自不见。人心才动，必达于气，便与这屈伸往来者相感通。如卜筮之类，皆是心自有此物，只说你心上事，才动必应也。”这一观点无疑与《葬书》的相关论述如出一辙。

朱熹不仅相信堪舆，而且也颇通门道。《宋史 · 朱熹传》曾记载他上状议孝宗山陵一事。当时朝官们在孝宗山陵事上论战不休，日官荆大声卜地于思陵旁边，而按察使赵彦逾踏勘后认为那里“土肉浅薄，下有水石”，风水不好，后又有孙逢吉奏请重择吉址。刚刚在朝供职的朱熹加入到混乱之中，要求“博访名山，不宜偏信台史，委之水泉沙砾之中”，另择最吉之处，以“使寿皇遗体得安于内，而宗社生灵皆蒙福于外矣”，将皇陵地址的选择与国势的盛衰联系起来。这就是有名的《孝宗山陵议状》，是朱熹身为朝官的第一个奏状。

值得一提的是，朱熹曾经分析过北京（即当时金朝燕京）的山川形势，赞叹曰“冀都是正天地中间，好个大风水”，这样的评价也深刻地影响了后世元明清王朝的择都观念。

宋代堪舆著作层出不穷，据统计，《宋史·艺文志》是历朝正史中载录堪舆术书最多的，体现了当时堪舆著述活动之盛。有代表性的堪舆著作如《疑龙经》、《撼龙经》、《青囊奥语》、《天宝经》等，据考证都出现在宋代。而托名郭璞的《葬书》的问世，更是堪舆史上影响深远的大事。《葬书》是对古代阴宅堪舆术影响深远的经典文献，是这一术法理论的集大成者，以后的各类葬书还有很多，但始终都没有超过这部书的水平。

元代是堪舆术发展相对低落的时期。在这一时期，值得关注的与堪舆有关的大事，就是元大都的营建。这一工程由太保刘秉忠主持。据史料记载，此人博学多才，天文、地理、律历、术数无不精通，可说有很高的堪舆造诣，他所编的《地理大全》即收有陈抟所撰堪舆术书《玉尺经》四卷。在建造元大都的过程中，刘秉忠“辨方位，得省基，在今凤池坊之北，以城制地，分纪于紫微垣之次”，从选择基址，到全盘规划，都体现出古代堪舆“象天法地”的原则。

刘秉忠的弟子、著名科学家郭守敬在刘秉忠的指导下，科学地规划了北京的水系，为北京在明清两代构建都城，奠定了良好的基础。

明清时期，堪舆术又强势复兴，广泛流行。一般文人雅士或多或少都懂得一点择地相宅方面的知识，更有一些落第文人在举业无望后转作风水先生，无形中提升了这一行当的整体知识水平。在当时所谓的三教九流中，有俗谣曰“一流举子二流医，三流丹青四地理，五星六爻，七僧八道九行棋”，堪舆术士（地理）仅次于读书人、医家和画师，足可见其社会地位不低，也体现了民间对堪舆的重视。

直到19世纪中后期，堪舆观念仍在世俗社会根深蒂固。当时外国人在中国修建教堂、开矿、修路等活动逐渐提上日程，却在中国各地因破坏“地脉”而不断遭到民众的强烈抵制，他们才突然意识到堪舆文化的存在以及它在民间强大的影响力。

堪舆活动不惟民间盛行，明清皇室建筑对堪舆术的重视和运用更可以说远迈前代。无论是明初南京城的规划建设，还是紫禁城的营造，都是我国古代建筑运用堪舆术的杰出典范。尤其在明清皇帝陵寝的营建中，堪舆术的运用达到了登峰造极的地步，许多陵寝至今完好，已经成为我们研究古代堪舆的重要样本。

这一时期，皇家陵寝营建的各个环节均有一套极为严密的运作程序。其首要环节，就是在堪舆理论的指导下卜选陵址，以求得一个山水形胜、风水绝佳的“万年吉壤”。这一环节的进行涉及朝野上下多方面的人员，包括礼部、工部、钦天监及其他通晓堪舆术的官员，当然也会从民间聘请著名的堪舆术士参与其中。有时皇帝为传话方便，能及时监视、掌握工程进度，还会派出内宫太监参加此事。甚至为了加强力量，皇帝还派出朝廷重臣参加并领导陵寝的卜选与营建工作，如张居正曾参与卜昭陵，张四维、申时行及勋臣

定国公徐文璧曾参与卜定陵等。

卜选陵址，一般先由卜选官员及堪舆术士“外观山形，内察地脉”，实地勘察选出一处或数处风水宝地，上奏皇帝后由皇帝最后裁定。为准确形象地反映所择地的地形和风水特征，有的还画出图样，贴上说明，以便皇帝览阅。如皇帝对所呈地都不满意，或举棋不定，则需继续派人反复查勘，并召集群臣反复讨论，直到皇帝表示满意或基本满意为止。有的皇帝甚至还会驾临陵区，亲自审视对比，方才拍板定案，如明太祖、成祖、世宗、神宗这四个皇帝的陵址，都是这样确定的。

明清帝王对堪舆的重视，助长了世俗堪舆活动的兴盛，也促进了堪舆著述的繁荣。这一时期堪舆流派众多，有八宅、九星、玄空等等，虽大体不出形势、理法二宗，但也可谓“各有所长”。由于堪舆术士中有很多也是文人，他们纷纷著书立说，有各执一端者，有形势、理法相杂者，更多有托名古人的伪作，如托名丘延瀚的《天机素书》等等，使得这一时期的堪舆著作出现了庞杂混乱的局面。

明清是堪舆学集大成的时代。从总体来看，堪舆理论自唐宋以后已基本成熟和定型，以后再也没有多少新鲜的东西，因而系统收集和整理历代堪舆著作成了明清时期堪舆研究的一大特色。官方的有明代的《永乐大典》，清代的《四库全书》、《古今图书集成》，收录了几乎所有流传下来的堪舆典籍，并且对这些著作进行了一番考证和研究。此外，民间收集和刊印风水典籍颇兴。明朝编有《地理大全》、《阳宅十书》、《阳宅集成》等；清代编有《山法全书》、《阳宅大全》等。这些都为后世的堪舆研究保存了大量文献资料，对堪舆理论

传承下来起着重要作用。

除对历代堪舆著作的收集整理外，人们主要是对堪舆典籍作进一步研究，对来自实践的问题进行阐释和总结。明清时期，尤其在乾嘉年间，考据之风颇盛，当时目录学和文献学的新成果都得到运用，有力地推动着对堪舆的研究。这方面的主要著作有明代的《堪舆管见》、《堪舆辩惑》，清代的《葬经笺注》、《疑龙经校补》、《阳宅辟谬》、《风水祛惑》等。

第四章

堪舆学的流派体系

（一）形势与理气的分宗

关于堪舆学的流派，清人丁芮朴在《风水祛惑》中说得很清楚："风水之术，大抵不出形势、方位两家。言形势者，今谓之峦体；言方位者，今谓之理气。唐宋时人，各有宗派授受，自立门户，不相通同。"

唐末五代，以杨筠松入江西收徒授术、江西派逐渐兴起为标志，堪舆界就有了流派分宗的趋势。到宋代，我国古代堪舆界终于形成两大流派：形势派与理气派。这一流派分宗的格局一直延续至后世。

王祎的《青岩丛录》对两大流派分宗的大致源流记述道：

后世言地理之术者分为二宗：一曰宗庙之法，始于闽中，其源甚远，至宋王伋乃大行。其为说主星卦，阳山阳门，阴山阴向，不相

乖错，纯取八卦五星，以定生克之理。其学浙间传之，而今用之甚鲜。一曰江西之法，肇于赣人杨筠松、曾文遄，及赖大有、谢子逸辈，尤精其学。其说主于形势，原其所在，即其所止以定位向，专注龙穴砂水之相配，其他

拘忌，在所不论。其学盛行于今，大江南北，无不遵之。

实际上，堪舆术中形法和理法的区别由来已久。《汉书·艺文志》所录的两部早期的堪舆术书，《宫宅地形》侧重形胜相地之法，《堪舆金匮》则以阴阳五行原理占宅，这可以说是形法和理法分野的开端。而在以后漫长的发展过程中，堪舆术的具体应用大多数时候是将形法和理法相配合，你中有我，我中有你。直到唐宋时期，堪舆实践经验的极大丰富，理论与操作方式的日益复杂化，使得堪舆方家们渐渐难以执其两端，这就有了分宗别派的必要。

从应用范围来看，形法主要为择址选型之用，理法则偏重于确定室内外的方位格局。二者相比，形法更为宏观一些，因为它服务的对象并不仅仅局限于某个人，而是一个家庭、家族甚至一个城市；理法则更为具体到某个人或者某个家庭。但无论是哪一种方法，其目的都是一致的，那就是趋吉避凶。

形势派源自江西，承续唐末兴起的江西派发展而来，故又名赣派风水。形法派的代表著作有除了《葬书》、托名杨筠松的《疑龙经》《撼龙经》，还有谢和卿的《神宝经》《天宝经》等。这一流派着眼于对山水形势的观察，山川形胜和建筑外部自然环境的选择，其理论主要与土地、山脉、河流的走向、形状和数量等自然环境有关。形势派术语通常有形势、形法、峦体等，该派术士以觅龙、察砂、观水、点穴为主要内容，特别看重分析地表、地势、地物、地气、土壤及方向，因而需要掌握传统地理学知识。

相比较理气派而言，形势派更加崇尚自然因素，注重自然环境的

“辨方正位”，包括对生态与景观诸多因素的讲究。讲究因地制宜，因形选择，原其所起，即其所止，专注山川形势及其构成要素的配合，尽可能使宅基位于山灵水秀之地。

理气派则注重于住宅或墓地营建的方位、朝向和布局。它源自汉代的图宅术，开始也讲究五音姓利，宋代以后才逐渐摒弃这种占宅方式。理气派注重天地人的种种感应，强调方位的重要性，相信方位与人事的吉凶福祸有密切的关系，这是它最核心的理念。

在这一理念的指导下，理气派堪舆引入阴阳、八卦、河洛、天星、生肖和干支等一系列分析工具，将方位度量细致化。它虽然也讲“辨正方位”，但更侧重于建筑的方位理气的推演，方位的鉴定必须综合主人的生辰八字，以阴阳五行之生、克、制、化以及《易经》八卦之爻变而论得失吉凶。在阴阳、五行、八卦等大原则之下，理气派又分出许多具体操作方法，如福元法、大游年法、穿宫九星法、二十四山法、九宫飞星法，等等。为了将复杂的理论付诸实践，理气派术士将罗盘作为占地相宅的一种必备工具。这一派的代表著作有《青奥语》《天玉经》等。

由于理气派过于繁杂，分支甚为众多，其中最主要的有以下六支：

1．八宅派。八宅派综合起来只有两点：一是将坐山配游星论吉凶。所谓游星就是：伏位、天医、生气、延年四吉星和五鬼、绝命、祸害、六煞四凶星。以此八星根据住宅的八卦山起伏位，分别将此游星配在先天八卦方位，配吉则吉，配凶则凶。二是根据住宅八卦坐山，分为东四宅与西四宅，然后与人命结合，即东四命配东四宅，西四命配西四宅而论吉凶。

2．命理派。以宅主命局中的五行喜忌配合廿四山方位的五行及玄空飞星进行风水布局，配合装饰颜色等，对各类阳宅的室内装璜以及风水调整具有很大的指导作用。

3．三合派与二十四山头派。以山水为主，将廿四山与坐宅配山论生克关系，所谓坐宅山，实际上是指坐宅在罗盘上的五行与宅外山峰或各个建筑物之间构成的五行生克关系。配水则以十二长生位来论吉凶。十二长生就是命理学中长生、沐浴、冠带、临官、帝旺、衰、病、死、墓、绝、胎、养。一般都以向上配水和水的来去论吉凶，主要是用于阴宅。

4．翻卦派。以八卦翻出九星卦为主，然后再配合山水以论吉凶。翻卦派有几种翻法，如辅星翻卦，又名黄石公翻卦法，它是根据纳甲起以贪狼、巨门、禄存、文曲、廉贞、武曲、破军、左辅、右弼九星来推断吉凶。

5．玄空飞星派。是将山向配合元运挨排山向，元盘九星，从而看水山配合室内布局论旺衰吉凶。所谓玄空九星指的是：一白在坎为贪狼，二黑在坤为巨门，三碧在震为禄存，四绿在巽为文曲，五黄中央为廉贞，六白在乾为武曲，七赤在兑为破军，八白在艮为左辅，九紫在离为右弼。玄空学的实质就是注重元运的旺与衰，以及1－9九个数字的生克制化与命局中喜忌配合。

6．星宿派。星宿派指的是二十八宿，如亢金龙、氐土貉、房日兔、心月狐、尾火虎等，分别代表五行属性。根据坐向论生克，主要是用来确定二十四峦头的理气吉凶。

理气派堪舆术发展到后来，复杂化和玄奥化的倾向越来越严重，使它遭到识者激烈的批判。在古代上层文人那里，理气派理论远不如形势派受欢迎。它的影响范围也非常有限，只在浙闽粤等东南沿海地区较为流行。

（二）明清皇陵重形势之法

由于形势派理论少有无稽拘忌，因而其学较盛，一直是堪舆术的主流，在帝王陵寝营建中也起着关键作用。尤其在我国传统文化中，人们往往把帝王和自然天地连系起来，天子的遗骸和灵魂是要和大地山川形势相称、相配而达到永存常在，陵寝营建也必须达到和山川浑然一体，这样的要求恰恰合乎形势派堪舆学的理念。

明清以前，各代帝王陵寝已经多讲究形势。秦代，秦始皇营陵以象山，故称山陵。秦始皇陵背靠骊山、面向渭水，从渭河北岸远远眺

去，骊山山脉左右对称，似一巨大的屏风立于始皇陵后；站在陵顶南望，骊山山脉又呈弧形，皇陵位于骊山峰峦环抱之中，与整个骊山浑然一体，堪称依山傍水造陵的典范。汉代帝陵在继承秦代依山环水造陵观念的同时，方上规模也极庞大，竭全国人力物力并以贡赋三分之一以供山陵所需。以后，唐代诸陵更是因山为陵，追求形势至上。传说唐玄宗一日到金粟山，“睹岗峦有龙盘凤翔之势”，于是将该处作为自己日后的山陵。这里体现的显然是形势派堪舆的择地方法。宋代帝王建陵虽仍尊五音姓利说，但同时也重视形势因素。朱熹《山陵议状》就说道：“看山第一是峦头，有了峦头穴可求。”

到了明清，江西派的形势堪舆学更是大行于世，皇家陵寝俱以形势为宗。如从地理形势来看，天寿山诸陵的风水即基本体现了江西派的形势法。正如宣统元年（1909）清民政部左侍郎乌珍奉命查勘十三陵后所说的那样：“凡山势，由甲陵望乙陵疑其地逼侧或旷廊（“廓”字之误）而无所蓄藏，及履其地，水抱山环，无不自具形势。”根据文献记载，明十三陵的卜选，正是在以江西法为主的堪舆术指导下进行的。

《明太宗实录》有两处记载了明十三陵中第一个修建的陵墓长陵，即明成祖朱棣的陵墓的卜选情况。卷九二记：“永乐七年五月……己卯，营山陵于昌平县。时仁孝皇后来（“未”字之误）葬，上命礼部尚书赵羾以明地理者廖均卿等择地，得吉于昌平县东黄土山。车驾临视，遂封其山为天寿山。”卷一四0记：“永乐十一年五月……壬寅……复论初卜吉之功，升知县王侃州同知，赏彩币三表

里、钞二百锭；升给事中马文素太常寺博士，阴阳训术曾从政、阴阳人刘玉渊皆钦天监漏刻博士，食禄不视事；五官灵台郎吴永始以僧授，改升僧录司右阐教，各赏彩币一表里、钞百六十锭。”

这两段文字所提到的廖均卿、曾从政二人，根据历史资料的记载，不仅在长陵的卜吉中发挥了重要作用，而且都来自赣州府兴国县三僚村，可以说大有来头。按清魏瀛等修《赣州府志》，廖均卿，“瑀之后，居兴国。永乐七年，仁孝皇后大葬，礼部尚书赵羾引均卿至昌平，得县东黄土山最吉，车驾即日临视，定议，封为天寿山，授卿为钦天监灵台博士”；曾从政，“文遄之后，与廖均卿同时相度皇陵有功，授钦天监博士”。

那么，廖瑀、曾文遄又是什么人呢？相传他们均是江西派风水开山祖师杨筠松的嫡传弟子。《赣州府志》载：“仆都监，逸其名，官司天监都监。黄巢之乱，与杨筠松避地虔化，遂以青乌术传中坝廖三传，三传传其子瑀。”又：“曾文遄，宁都人。师事杨筠松，熟究天文、谶纬、黄庭内景之书，尤精地理。……所著有《八分歌》二卷行于世。”可见，廖均卿、曾从政不仅肯定是江西法的堪舆术士，且系嫡传世家。

文献所记泰、永二陵的卜选也曾涉及江西法堪舆术士或其嫡传人。《明武宗实录》卷一记泰陵卜选：“弘治十八年五月……丁未，礼部左侍郎李杰、钦天监监副倪谦同司礼监太监戴义奏，于茂陵西施家台得吉地，堪以奉安大行皇帝陵寝。然山陵事重，乞别命官复视。而工科右给事中许天锡亦言，宜于廷臣中推取谙晓地理者按视前地，如有疑，亟移文江西等处，广求术士，博访名山，务得主势之强、风气之聚、水土之深、穴法之正、力量之全，如宋儒朱熹所云者，庶可安奉神灵，为国家祈天永命之助。”

《明世宗实录》卷一八五记永陵卜选：“先年悼灵皇后丧，上密谕大学士张孚敬令致仕官骆用卿择地于十八道岭及橡子岭，两具图说以进。”嘉靖十五年（1536）三月，世宗及钦天监官、随从大臣再次审视，均“以十八道岭地为胜”。于是，世宗下诏：“适观吉地咸可为陵。朕惟祖宗所遗此，本诸天赐……今日既定，宜勿他适。”但他还不放心，又根据礼部尚书夏言的提议，于同年四月“行取江西曾、杨、廖氏子孙精通地理者卜山陵吉地”。于是廖文政、曾邦旻、曾鹤宾奉诏入京，为朝廷择地建陵，后终于定址于十八道岭前，并更其名为阳翠岭。廖、曾诸人因而受到嘉靖皇帝的一再封赏，均授钦天监博士，其中曾邦旻进阶七品，廖文政还被朝廷亲选为“堪舆状元”。

作为江西派风水的大本营，赣州府兴国县三僚村也因皇家的重用而闻名全国，成为著名的中国风水第一村，堪舆人才辈出。从此，“世之言青乌家言者，必称三僚曾、廖”。明代，该村先后有数十人奉诏供职于钦天监衙门，专司皇家堪舆职事。到了清代，顺治十六年，三僚村的曾永章、曾国瑞曾受诏晋京，相度皇陵，并受封为钦天监灵台博士。

明清皇陵之中，即便有些陵寝的卜选未必是江西法堪舆术的嫡传人，但从各陵的山水形势来看，均以龙、砂、穴、水相配为要旨，术士们所据的堪舆学说主要是形势宗的理论，这是毋庸置疑的。

第五章

风水宝地的堪舆择址原则

不论是阳宅还是阴宅，堪舆的根本目的就是为了选中一块“风水宝地”，以达到“乘生气”、得福佑的目的。历代帝陵也莫不注重风水宝地的选择。抛开其中的福荫思想不谈，仅就客观效果而言，所谓的“风水宝地”，往往有着较高的物质环境质量和自然景观质量，真正体现了“相地合宜，构园得体”的天人合一的审美境界。

《青乌先生葬经》中言：“内气萌生，外气成形，内外相乘，风水自成。内气萌生，言穴暖而生万物也；外气形成，言山川融结成形像也。生气萌于内，形像成于外，实相乘也。”也就是说，良好的风水格局，既要有山川聚结，形成内敛的外部空间围合并具有优美的景观，更要有“生气”充盈其间，从而形成良好的内在、外在环境。

依此原则，古人理想的风水模式可归纳为：背有靠，前有照；左青龙，右白虎，龙抬头，虎低头；负阴抱阳，冲气以为和；明堂如龟盖；南水环抱如弓。按照现代的理解即为背山面水，坐北朝南，背靠蜿蜒千里的来龙，左右有低岭山冈护卫，前有河流迂回萦绕，对面有远山近丘，朝案拱卫；明堂宽敞，土地肥沃，树木葱郁，河水清澈。

然而，大地的生气是无形的，况且天地之大，处处有山有水，又如何才能找到生气凝聚之处呢？古代堪舆术家把山与水结合起来进行整体性考察，经过长期的实践摸索，形成一整套从整体到局部，从宏观到微观的相地择址原则，这就是堪舆学中的“地理五诀”。

所谓“地理五诀”，即龙、穴、砂、水、向。其实就是把山川地势等自然环境归纳为龙、穴、砂、水、向五种要素，根据这五种要素本身的条件及其相互间的关系决定建筑基址；其中以地势形态为主，兼顾理气的要求。古代堪舆家认为，真正的风水宝地，应是这五大要素的完美结合，从而达到龙真、穴的、砂环、水抱、向吉的境界；循着这五大原则，必能找到生气凝聚的佳穴。因此在堪舆相地中，对龙、穴、砂、水、向的考察和踏勘成了最主要的内容，称为寻龙、点穴、察砂、观水、立向。

一、寻龙原则

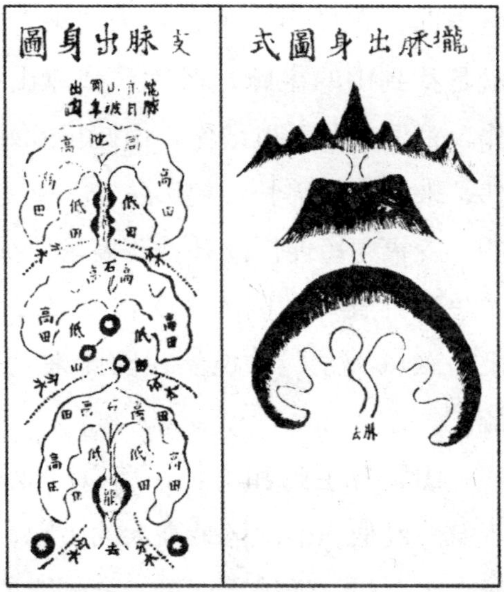

“龙”是中国堪舆学专业术语。所谓龙，就是山脉，包括山的走向和起伏变化。清代叶九升《地理大成·山法全书》言：“龙者何？山之脉也……土乃龙之肉，石乃龙之骨，草乃龙之毛。”中国的地势西北高，东南低，地形复杂，既有东西走向山脉，又有南北走向山脉；既有东北—西南走向山脉，又有西北—东南走向山脉。各地大小山脉绵延起伏，纵横交织，或俊秀，或险峻，或挺拔，或巍峨，恰如龙腾、龙飞、龙伏、龙行之势，又如“人身脉络，气血之所而运行”（《地理人子须知》）。因此称山脉为“龙脉”。

然而，并不是所有的山都可以称为“龙”。首先，“龙”必须是有水的山。因为山若无水，便有“死气”，有了水，才能找到“生气”。其次，龙的形成虽然离不开山，但如果山没有变化就只能称为荒山，不能称为龙。龙必须要寻其有变有化，有势有形，有峰有峦的山，才可以称为“龙”，否则，只能说是山。

山脉是由山岭沿着一定的方向分布组合而成，这个特定的方向就是山脉走向，在堪舆学中，称为“来龙去脉”。所谓“寻龙”，实际上就是找到山的主脉，俗称“找靠山”。古人认为，千里来龙千里结作，百里来龙百里结作，由此可知好的龙脉之难寻。一般要求山势雄伟，来龙清晰绵长，起伏跌宕。来龙绵远的，发福亦绵远；来龙短促的，发福亦短促。此外，还要求植被丰富，云雾缭绕。之所以要求来龙悠远绵长，是因为龙长得水多，龙短得水少。堪舆中有“得水为上，藏风次之”的说法，因此来龙长远的，水流也长，即所谓源远流长。

山脉有主脉和支脉，所以“龙”也就有“干龙”和“支龙”。干龙一般是一个地区最高大的山脉，如昆仑山等。大干龙的祖山必定是名山大川，延绵千百里，跨州连郡，气势恢宏。古代堪舆术以四条大河来划分龙脉，称为三大干龙。长江以南向东南方延伸的山脉为南龙，又称为巽龙；长江、黄河之间成行列的山脉为中龙，又称为震龙；黄河、鸭绿江之间的山脉为北龙，又叫艮龙。三大干龙的起点都是昆仑山。

陰峽	曲峽	直峽	長峽

此为阴峡，其脉自顶有脊而出，或起突。	此为曲峡，其脉屈曲活动，如生蛇渡水，至贵。小者尤佳。	过峡之脉要曲，不宜直。直为死脉，不吉。中间有泡者，虽直亦吉。	此为长峡，太长则易受风，宜遮护周密。又忌直长。若长而直，则为死脉，不吉。

闊峽	高峽	遠峽	穿田峽

阔峡气散不聚，要中间有草蛇灰线、微高之脊则美。两边名毡褥，亦谓之霞帔峡，主大富贵。	高峡者，山大而断处未至平地也，多是人行之岭。凡高过之峡，要护山周密。	大龙峡亦有数十里坦过者，或数里塌过，亦曰远峡。要两边迎送护应。此龙去甚远，小龙无此峡。	穿田峡，要两边皆低，中央过脉之田独高，则分水明白。廖氏谓之青苗中过骨，此峡最吉。

蜂腰鹤膝图

		凡龙脉束聚而成蜂腰鹤膝之形，其处气旺，结穴必近，杨筠松云“蜂腰鹤膝龙欲成”是也。故凡见此形，则知龙将结作，可以求索穴场矣。

十大崩洪脉图

		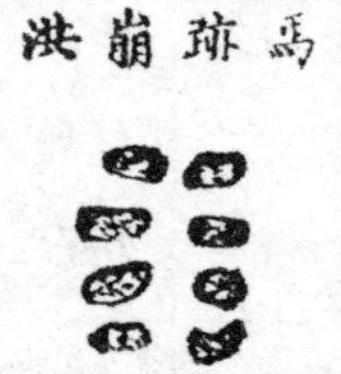		
石梁散乱，如手摸捉，在于水面者是也。	石梁相牵相连，如瓜瓠在于水中是也。	石梁如马足迹在于水中是也。	石梁如螺蚌之形在水是也。	石梁生来如交角之形是也。
				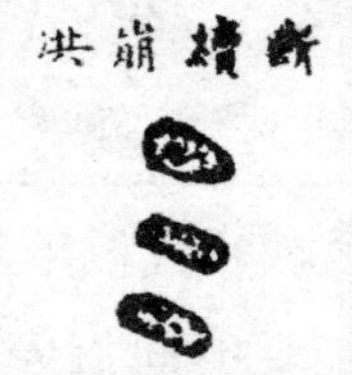
石梁屈曲，如之玄字在水是也。	石梁回抱如也字形是也。	石梁三条如川字形是也。	石梁纵横如十字是也。	石梁断而复续是也。

古代堪舆学习惯上用人的家族亲属关系给从起始到尽头的龙脉的某段高耸部分命名，于是每条干龙从起点到入海，按照远近大小，有了“太祖山”、“少祖山”、“父母山”等说法。

迎送多者曰双。此双迎双送，愈多愈好。大龙过峡，迎送有至数十重者，故以多为贵也。	此有送无迎也。

此交互迎送也，也有吉有凶。	此亦交互迎送也，力量差胜。

太祖叫祖，少祖叫宗。太祖山是从龙脉出发的山，一般高大异常，连州接郡，延绵数百里，或至少也冠盖一邑一方，高耸巍峨，天阴时有云气生于山颠（这样才有生气）。《地理大全》记录：“大抵龙之起身发脉之处，必有高大山峦，谓之太祖。”通常其山“生气”十足，绿意盎然，又因其离龙脉结穴处很远，是判定龙之吉凶参考要素。

少祖山，是太祖山之后具有一定高度的高山。自太祖山后迢迢下行，其间小的星峰则不必论，直至再起高山，谓之“少祖”。也就是说，发源于高大的太祖山之后，第二次明显耸起的高山，称之“少祖山”，又称主山、主星，是聚气的关键。刘基《堪舆漫兴》曰：“近穴名曰少祖山，此山吉凶最相关。开睁展翅为祥瑞，低小孤单力必惺。”少祖山要奇特秀丽、方正开展，才是钟灵毓秀，生气郁积的“风水宝地”。如果欹斜不正、孤露嶙峋、瘦削破碎、臃肿粗恶，都不是吉地。

		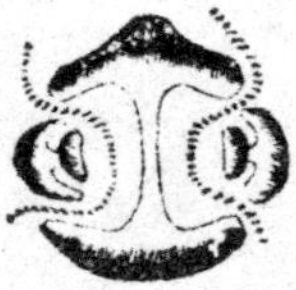	
此本山扛峡，吉格。	此外山扛峡，吉格。	此外山隔水远来扛峡，最吉格。	此不成格，非峡。

蔡西山先生峡格

双鱼峡

如此乃为正出之峡，吉格。	如此乃偏出脉，非峡。	此偏出脉，非峡，亦谓之来去鱼，主凶。	

垂珠峡

如此乃为正出之峡，吉。	如此亦为正出之峡，吉。	如此乃为偏出，不得为峡，主凶。	如此则为偏寒，不吉，不可言峡。左右同。	如此虽是峡，亦系偏斜，主奸险。

莲化心峡

如此即小偏，力量轻减。	如此全是偏斜，不可言峡。左右同。	如此乃真峡，极贵格。

如此亦可言峡。	如此偏出，不可言峡矣。	如此亦不可言峡，无用之龙耳

迎送峡

如此迎送尤佳，乃真峡也，至贵。	如此亦是真峡，结贵地。	如此即为偏出，非峡也。

如此全是偏出，大凶。	如此极为偏枯，大凶。	

玉带峡

此为玉带峡正格，主贵。	此偏尤甚，何可言峡？	此偏脉，极凶。

方城峡

此为正峡，最贵。	此亦正峡，最贵。	此偏出之龙，不问左右，皆凶。

玉池峡

此池当脉，至贵。	此脉从池中过，两畔皆水，大贵。	此脉偏出，不可谓峡，凶。

古人认为，只有好的祖宗，才能生得出好的儿孙。因此，观龙势必须应当先观龙的祖宗。也就是审察其祖宗山，这就好比论人的出身贵贱，首要之事就是考察其祖先家世一样。《雪心赋》云："祖宗耸拔者，子孙必贵。"倘若太祖山挺拔雄伟，山体丰润，远看像一座龙楼宝殿，而伸出去的群山，像护卫一样巍峨壮观，簇拥有势，即可断定这座山是龙身昂贵、气势不凡的山脉。堪舆家认为，由于太祖山龙身显赫，分化出去的龙脉肯定也多有贵气，若在此处找到生气凝聚之

峽星台 	峽節幢 	峽蓋華 	峽飑天 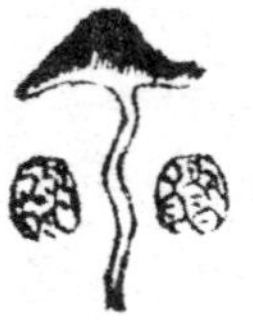
出台鼎大贵。	此出神仙、清高贵人，吉。	出大贵。	此至贵
峽印玉箱金 	峽溪雙 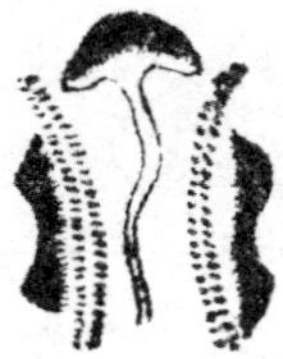	峽劍寶 	峽龍雙 
出内相翰苑才名。	出豪贵。	出将入相，先斩后奏。	至贵。
峽壁丰 	峽眠牛 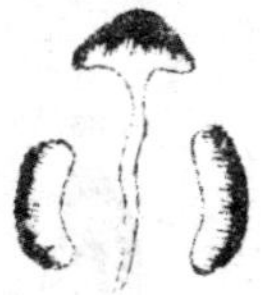	峽崩石 	峽蛇驚 
出王侯	浊富	大贵大凶	出妖术贼将等，大凶。

处，葬后必出官贵之人。

父母山，指穴后一节的山。《地理大全》云：自此少祖山下，或起或伏，或大或小，或直或曲，但以玄武顶后一节之星，名曰“父母山”。父母山之下，落脉处为胎，如禀受父母的血脉而成胎一样；其下束气处为息，如母之怀胎养息；再起小山头为孕；结穴处为育。

太祖山、少祖山、父母山的定名是相对的，否则按照三大干龙的划分，全中国就只有昆仑山这一座太祖山了。所谓太祖山、少祖山和父母山，是以所定的穴位为主体的，即某山是某穴的太祖山或少祖山、父母山。这种由祖山建立与选址相连的地形次序就是“捉脉”。

祖山与穴相呼应，如果从穴看去节节增高，就是能够福泽子孙后代的福地；反之，如果一重更比一重低，福泽就不会绵长，子孙也会贫穷。在堪舆理论中，少祖山是非常受重视的，与选址的关系也最为密切；大地的生气是从祖山向少祖山等依次传递而来，越靠近起点生

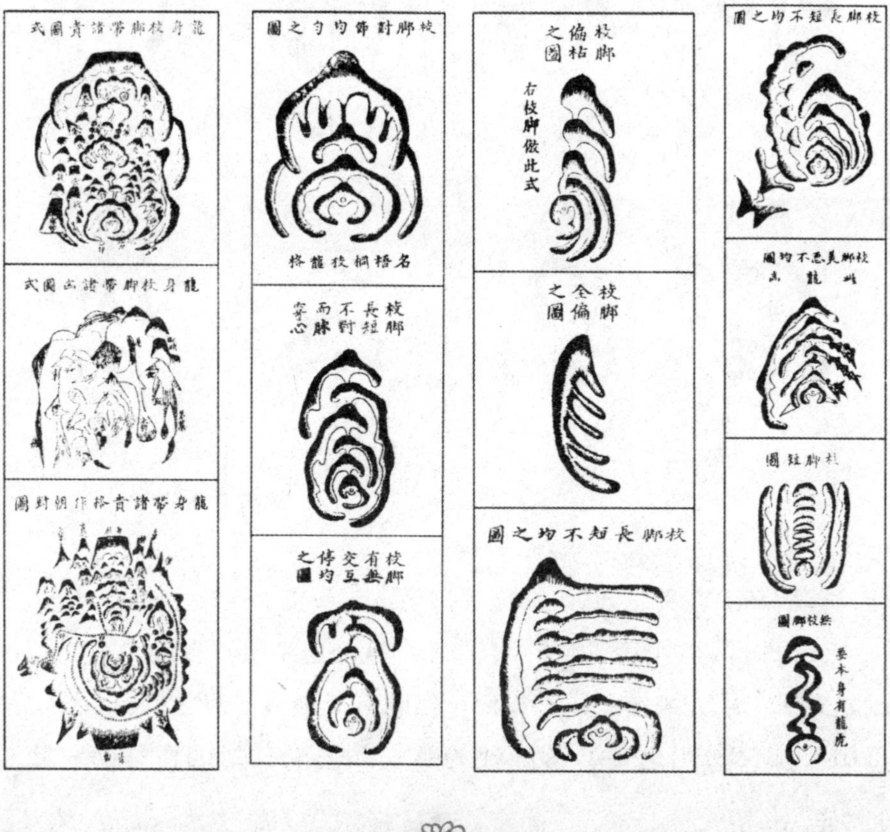

气越老，越靠近海边生气越少，因此吉地应当在少祖山附近寻觅。而太祖山由于距离较远，其实对风水无关紧要。这与宗法制下的家族关系由于血缘远近而划分亲疏的准则有相通之处，给山脉形象抹上了一层社会人文的内涵。

堪舆中论龙，还讲究山峰或峦头的形象，有“星峰”之说，实际上是以山岳与天相配，上应天星，以星辰譬喻分类。其中有五星形体之分，就是按五行说中表征金、木、水、火、土属性的圆、直、曲、锐、方诸形象，将山峦分为金星、木星、水星、火星、土星五种，来评价山峰形象优劣。

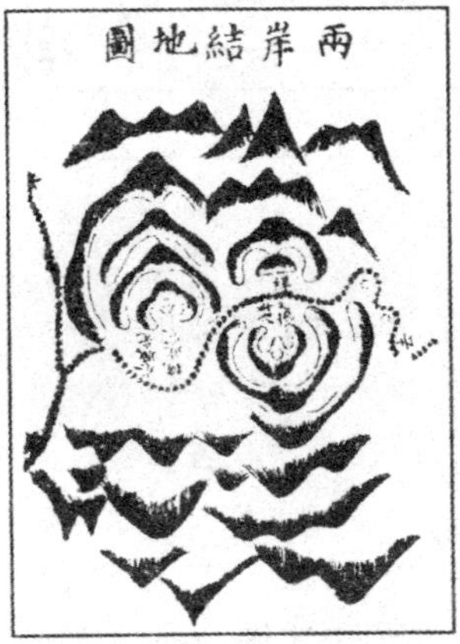

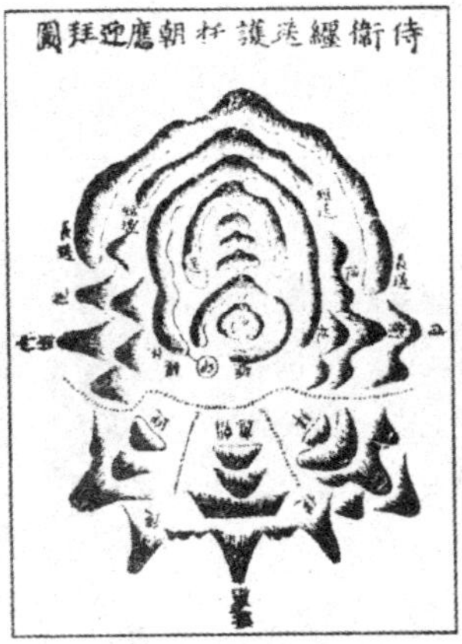

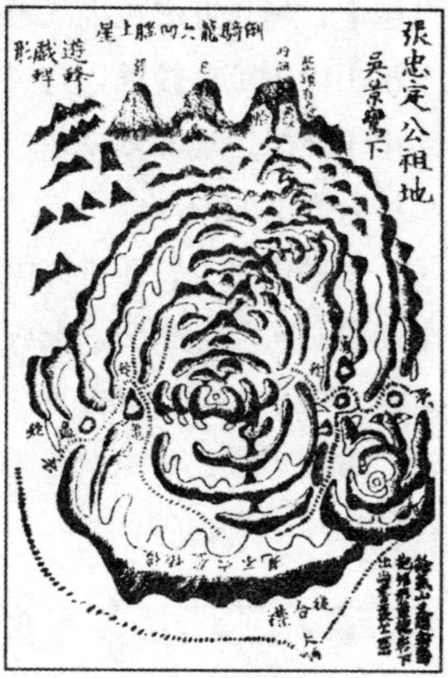

木星峰：耸直修达，头圆而身直。山形圆滑耸拔，直刺天空，此形可能代表树干。

火星峰：尖焰峭锐。形如一团烈焰，因其酷似毛笔，通常称这种山为文笔峰。

土星峰：方平厚重。形如平坦的屋顶或中文“几”字，换一种说法，即为顶部平坦，山坡陡峭的突出体。

金星峰：周正圆净。山形高大，顶部圆滑没有尖棱锐角，形如地面上巨大

	左起伏格：一起一伏，大顿小跌，断而复起，起而又断。或高或下，有低有昂。卜氏云：“一起一伏断了断，到头定有奇踪。”宜星峰磊落，山势奔腾，千峰耸秀，万岭巍峨，为得其本体。		左仙带格：屈曲摆折，逶迤活动，如生蛇，如飘练，如之玄，如飘带。卜氏云“脉若带连，何必高昂之阜”是也。宜活动摆折，屈曲悠扬，为得其本体。
	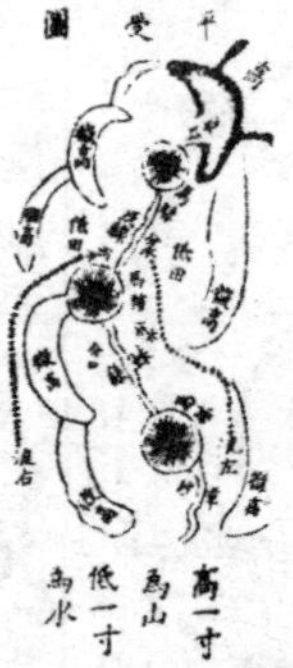	左平受格：脉落平洋，一望无际，相牵相连，微有体势，高一寸为山，低一寸为水。卜氏云“势如浪涌，何须卓立之峰”是也。要平中有突，为得其体。	

的球体。

水星峰：屈曲流动，形如水波或活蛇。由很多起伏和缓的山岳连缀而成的山脉即属于此类。

堪舆家认为，五种山形按五行相生排列而来便是“生龙”。“生龙”也就是指山峦起伏，行止有致，生动美观，五星咸备其实就是对变化丰富的山态的追求。不管一条龙里的单个山峰多么秀丽，如果其他部分排列紊乱，这条龙还是不吉利。按此原则，若龙始自南方火山，紧接其后应为土山、金山、水山及木山。

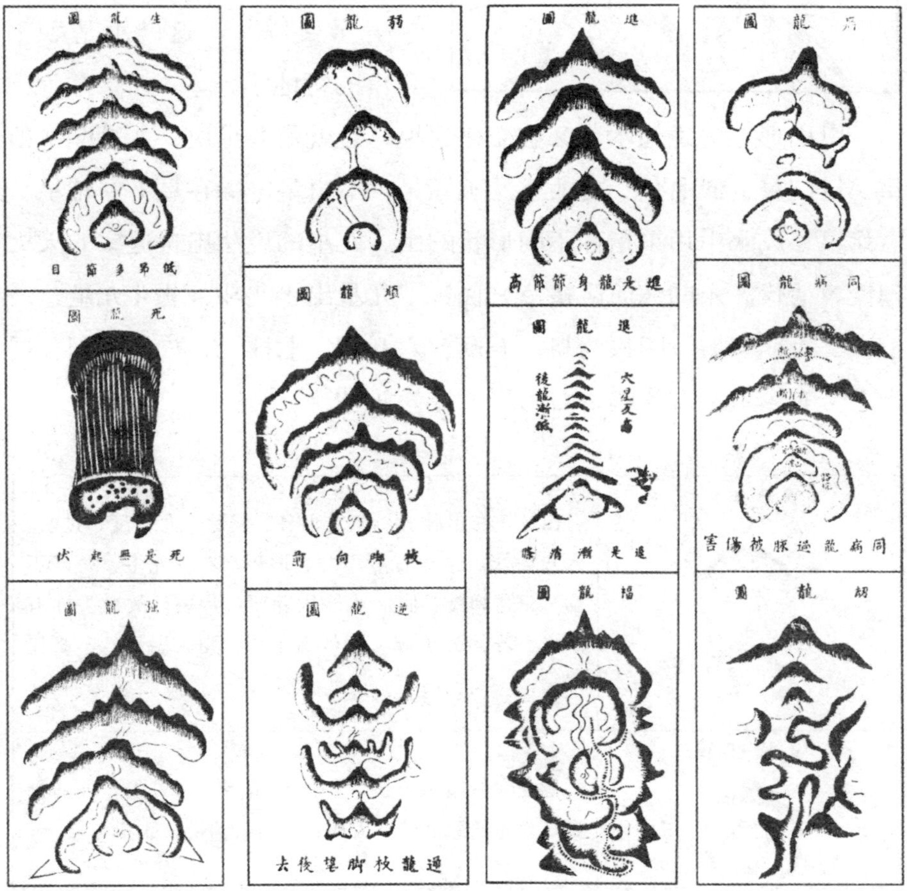

如果龙按五行相克原则排列组织，则大凶而且会给人带来各种灾祸。例如，若金山后紧接着火山、水山、土山及木山，这种山脉就是按五行相克原则排列的，在这种情况下，不管单个山峰多么秀丽，整条山脉也不会被视为吉利。

若是五星会聚一起，叫做“五星聚讲”，这就更是妙不可言的福地了。

以山形五星说为本，又有变格之说，这就是九星说。九星即贪狼星、巨门星、武曲星、文曲星、破军星、廉贞星、禄存星、左辅星、右弼星，风水中用来指称不同形状的山。九星的说法出自道家的天文理论，清代江永的《河洛精蕴》说：“九星出于北斗，北斗九星，一枢、二机、三璇、四权为魁，五衡、六开阳、七摇光为杓。开阳、摇光之旁有小星，左为辅，右为弼，合为九星。”

	右出脉：右出脉者，龙之出身、发脉，及行度、过峡、入穴等处，脉从右落。山之形势，右少左多，两畔不均。只是蝉翼、仙带及外从皆照应周密，故前去亦有结作。若偏旁出脉，而从山不周，则无融结，不必追寻矣。
	凡脉之左右微有形迹，护脉出身者，名蝉翼，亦曰蝉翅。而旁送脉之砂高大而长，名曰仙带，欲其均匀。

此全是中出，至贵，主文章勋业荣显，王侯极品。	此先中出而后偏者，不吉。纵有形穴，小康而已。	此先偏出而后中者，亦作次格，主小贵巨富。

此交互中出，亦主富贵，而心术不甚正矣。	此交互偏出，一左一右，却相承应，亦作吉格。	此似偏出而实中者，不可误作偏斜，主文章荣显。

此格似中出而实偏，然节节相称，而脊脉屈曲均匀，亦作次吉。	此亦中出之格，最为闪巧，然而亦作吉，主贵而不至极品。	此则全偏，不能结地，只作奴仆砂。

《龙山九星歌》曾对九星的形象描述道：“贪狼原象笋初生，巨门走马屏风列。文曲排牙似柳枝，唯有禄存猪尿节。廉贞梳齿挂破衣，武曲馒头甘边辞。破军破伞柏板同，畏弼雌雄如满具。”

九星指代山形，是以五星为基础，再提出四种兼形，分别附以吉凶休咎的内容，以指导风水踏勘活动。九星除以上所指外，还有以太阳星、太阴星、金水星、木星、天财星、天罡星、孤曜星、燥火星、扫荡星为九星者，也是从五星衍化出来，但分别更细。

九星形体皆可还以还原为五星中的一个，具体说来就是：贪狼——木星；巨门、禄存——土星；文曲、右弼——水星；廉贞——火星；武曲、破军、左辅——金星。

	直龙者，乃撞背入首，顶对来脉而结穴者也。此等撞背龙结穴，发福极快，或稍逐元辰亦不为害。以其撞背直来，气势雄大，必有余气为毡为褥耳。
	横龙者，乃横脉入首而结穴者也。或从右来，或从左来，须要穴后有乐有鬼。廖氏云“横龙穴后必要鬼，乐星宜后峙”是也。此穴不宜元辰直长。
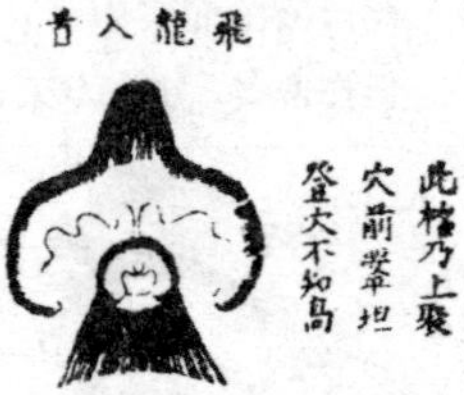	飞龙者，乃上聚仰高而结穴者也。以其势高而昂，故曰飞龙。须四应皆高，立耸上聚，仰势受穴，方为真结。此穴力量最大，贵重富轻，以其水多不聚故也。必交牙关锁为吉。
	潜龙者，龙气撒落平地而结穴者也。即所谓平受之脉，高一寸为山，低一寸为水。须要平地有凹，或开钳口、水势环绕，方为真结也。
	回龙者，乃翻身顾祖而结穴者也。《经》云“宛转回龙似挂钩，未作穴时先作朝。朝山皆是宗与祖，不拘十里远迢迢”是也。然亦有大回龙、小回龙及盘龙穴等格，皆是也。

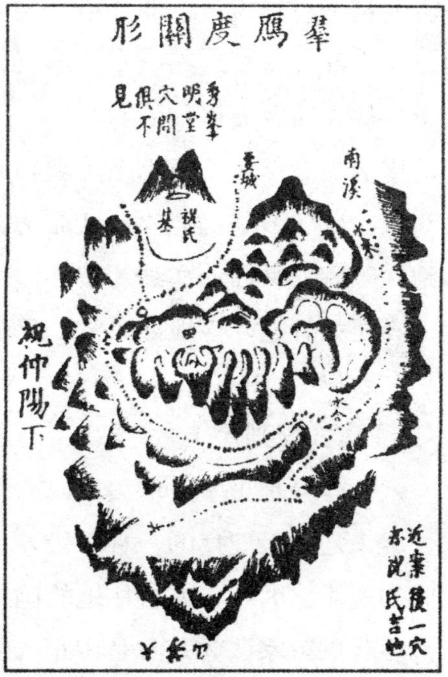

短脉 	短则气脉易行，要束脉嫩细者，短而大则不吉。	長脉 	长则气脉难过，必中间有泡引气则吉。又宜活动。若硬直则为死，不吉。大抵长脉易受风吹，且力弱气缓，不能融结。
高脉 	高脉易成贯顶，且星辰头面浅薄，惟串珠一格有之，亦当于三四节外，看有过峡出气者方可取。	低脉 	低从脚下过脉，要分水明白，则非断截。如水不分八字，即是断截，不吉。
曲脉 	屈曲活动，最为贵脉。然大而曲者，亦寻常矣。	直脉 	直脉不吉。若短而直，亦不为害。长者忌直，谓之死脉。
斷脉 	高山跌断谓之断。虽断，不宜如刀斩之齐，恐是凿断则凶。要如耦断丝连，脉自相牵为吉。	續脉 	续脉者，既断而复续。须要气脉连接，极吉。

九星中有三吉星，即贪狼、巨门、武曲。别外，辅弼二星亦属小吉，又合称五吉星。而破军、廉贞、禄存、文曲为凶星。葬大吉者为大贵，葬大凶者大祸。

堪舆学认为，九星所结穴形部位，各有大致类别。贪狼星多结乳头穴，巨门多结窝形穴，武曲结穴多钗钳形，禄廉多结突穴，文曲多结穴于坪，纵高处亦结为掌心穴，破军结穴于两旁，辅星正穴如燕窝，高处如灯笼，平地如鸡窝，弼星隐于平地。

二、点穴原则

穴，本义是土室，堪舆中以穴指称死者的葬地或生者的住地。点穴，本来是中医理疗的一种手段，古人认为地理脉络与人体经脉有着相同的规律，因此将人居住地的确定形象地称为“点穴”。

古代堪舆家认为，穴是山止气住之所，是冲阳和阴，精气所凝之窍，“葬欲乘之，返气纳骨之道也”。（缪希雍《葬经翼》）穴的所在地，就是居址的位置。如果是用于葬死者，则称为“葬口”。穴以得龙脉生气凝聚之处为佳。穴是相对于脉而言的，在千变万化的环境中寻出脉络走向，然后确定穴址，这就是“点穴”的目的。

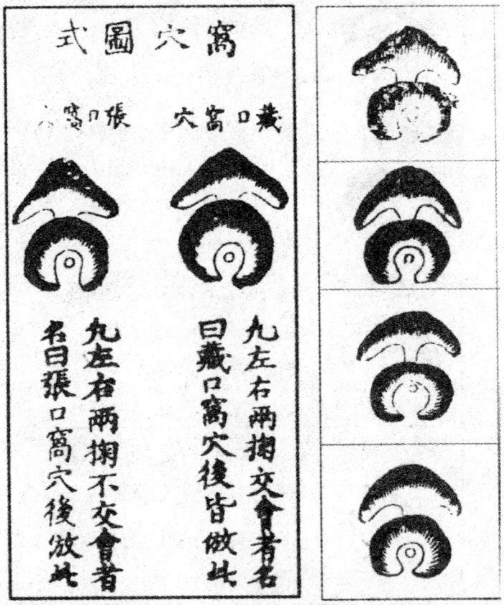

从位置上看，穴处于中央；从地形上看，穴是一种小型凹地。《龙经》论穴注文曰：“旋螺如螺壳之回旋也。”但是仅仅有穴的地理形象还不足以称为风水宝地。堪舆理论认为，真穴是需要水来配合的。缪希雍《葬经

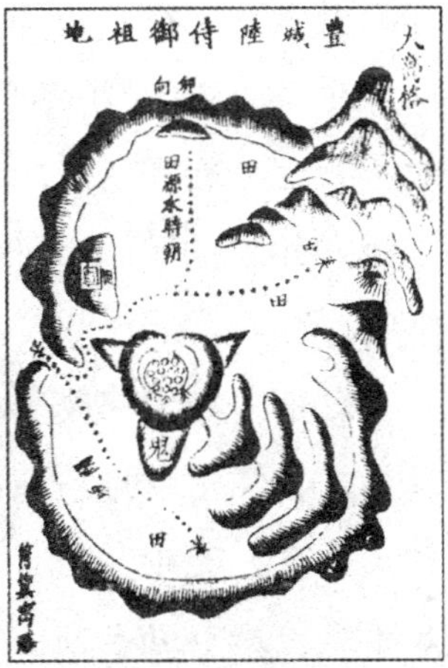

翼》就说："穴者，山水相交，阴阳融聚，情之所钟处也。"所谓"风水之法，得水为上"，真穴之所以被认为是吉地，就是因为它是山和水的最佳结合处。四面环山（藏风）的居处，还必须有水流交汇（得水、聚气），才是上好吉穴。

穴主要可分为窝、钳、乳、突四种形体。

窝形：指穴中心圆晕处微有凹窝，这样的穴又称窟穴、开口穴、金盆穴。廖瑀《泄天机·四象葬法》曰："窝者，即窠坎之谓，微见凹陷，故为老阴。凡晕中或如漩涡、如仰掌、如腹脐、如釜底、近看则有，远看则无方是。"窝穴是阳结之穴，平地高山皆有，高山多于平地。然而穴虽落于凹处，仍须平正，否则水积其中，称为"水里眼"；如果窝中能起突泡，则是佳穴，称作

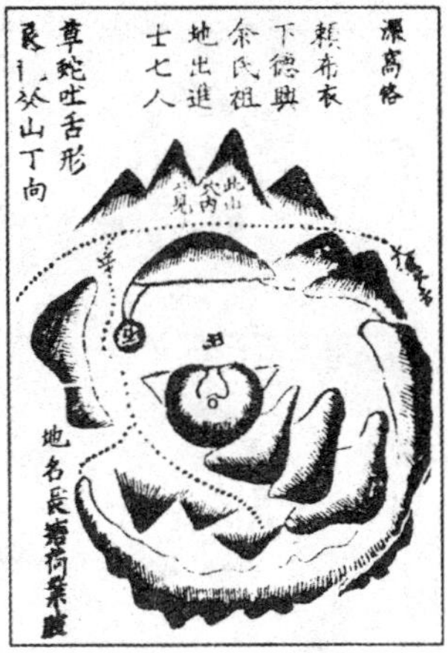

“水里坐”，符合堪舆术所讲究的“眠干就湿”原则。

钳形：指穴星两脚长伸，抱持穴场之形。又称开脚穴、虎口穴、钗钳、仙宫来穴，平地、高山俱有之。杨筠松《疑龙经》曰：“钳穴如钗挂壁限，唯嫌顶上有水来。钗头不圆多破碎，水倾穴内必生灾。”

乳形：指穴星两臂伸张，中间垂出，如人乳之形，又称悬乳穴、乳头穴，高山平地皆有。乳穴与钳穴的穴星形状相似，区别之处在于有垂为乳，无垂为钳。乳穴正格有长乳、短乳、大乳、小乳，变格有双垂乳、单垂乳。

	凡钳中微有乳，宜就乳头扦穴，忌乳头峻急，脚下落槽。		凡钳中微有窝，宜就窝中扦穴。忌漏槽、贯顶、界水淋头。

直钳图		凡直钳者，左右两脚皆直也。两脚既直，切忌长硬，须是婉媚短小为佳。若近前有案横拦为美。大要顶上端圆，钳中藏聚，方为合格。若两脚直长，拖拽太重，而上不周正，下复陡泻，内气既倾，外无阑截，则非融结，不可下也。
曲钳图		凡曲钳者，左右两脚弯曲抱内也。两脚既曲，最要弯如牛角，弓抱穴场，左右交牙犹妙。大要顶上端圆，钳中藏聚，方为合格。若两脚虽曲，顶不端圆，界水淋头，则非真结，不可下也。
长钳图		凡长钳者，左右两脚皆长也。两脚既长，切忌直硬，亦不可太长，太长则元辰直泻，牵动土牛。须是长得其宜，而婉媚为佳。惟近有低案横抱，则不忌长。大要顶上周圆，钳中藏聚，方为合格。若两脚长硬，元辰倾泻，内气不收，外复旷野，则无融结，不可下也。

短钳图		凡短钳者，左右两脚皆短也。不宜太短，太短则护穴不过，开脚不真。须是短得其中，或外有抱卫，方为合格。若短不护穴，至于漏胎。若外无包裹，穴必孤寒。兼以星头峻急，或不周圆，皆非真结。况短钳之穴，最忌粗大。惟嫩巧婉媚，头面光彩，四应有情为美。若反此则无融结，不可下也。

双钳图一	双钳图二	双钳图三

此两边齐对，一长一短，不相斗竞，乃为吉。	此两宫弓抱，一前一后，穿牙护穴，不相尖射，乃为吉。	此内两臂甚短小，名曰夹势，忌其尖射，名曰夹刃，凶也。

边曲边直图	 此左曲右直，名曰左仙宫，亦曰左官脚。	 此右曲左直，名曰右仙官，亦曰右官脚。	此钳之左右不均，边曲边直者。廖氏名曰弓脚，乃左右之脚，或左曲右直，或右曲左直。亦名仙宫。必须曲股逆水，乃为合格。若曲股顺水，加以尖利走窜，最为不吉。卜氏云："东宫窜过西官，长房败绝；右臂尖射左臂，幼子贫寒。"极验，不可下也。

突形：指穴中顶上微微突起之穴，又称泡穴，其形"如覆杓、如胸乳、如水泡，近看则有，远看则无"（廖瑀《泄天机·四象葬法》），因此又名鸡心、鱼泡、鹅卵、龙珠等。其正格分大突、小突，变格分双突、三突。

自然地形复杂多变，正如人们永远无法找到两片完全相同的树叶，穴形也是如此。但是千变万化不离其宗，穴形虽细分下来不胜枚举，却都属于窝、钳、乳、突四种基本形体的变化。堪舆家认为，熟悉了这四种基本形体的吉凶判断规则，自然就能够举一反三，依此

边长边短图	 此左长右短，名曰左单提。	 此右长左短，名曰右单提。	此钳之左右不均，边长边短者。廖氏名曰单股，乃左右之脚，或左长右短，或左短右长。亦谓之单提。必须长股逆水，方为合格。若长股顺水，则非吉穴。
边单边双	 此左双右单钳穴，名曰左迭指。	 此右双左单钳穴，名曰右迭指。	此钳之左右不均，边单边双者。廖氏名曰迭指，乃左右之脚，或左单右双，或右单左双是也。虽其左右单双不均，却要穴上见其均匀为佳。又须双边逆水，外股长曲弓抱，方为合格。若长枝顺水，有飞走之势，不可下也。此穴形类迭指，主人戏乐无度，爱赌博。然龙真穴的，决不破家。直至龙尽气止，福力已竭，亦以赌钱而败。主生六指之人。

类推。

堪舆水学认为“穴要的”，就是要在范围较大的区域中选中一个最佳的点作为建筑基址。点穴是堪舆相地术中的一个重要环节，历来为堪舆家们所重视，自古有“三年求地，十年定穴”的说法。在绵亘的龙脉中，远者百里千里，近者十里二三里，寻龙于浩远之间，选穴场实非易事。堪舆家认为，点穴如差之毫厘，便会

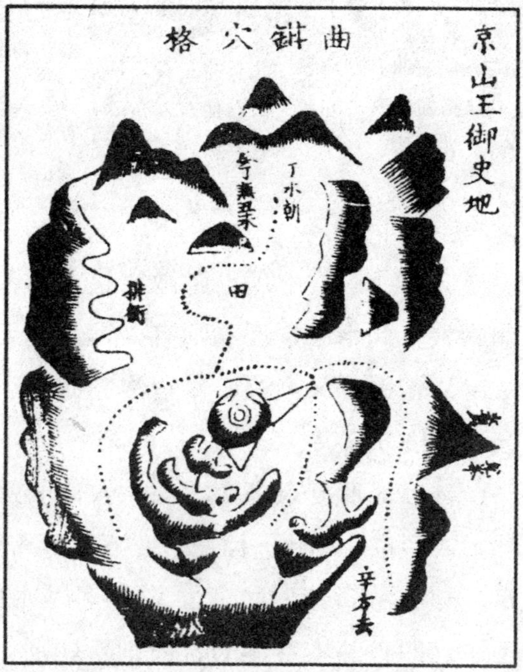

谬之千里，不仅无福，反而有灾，所以不可不慎。

堪舆家认为，建筑的选址应在龙、砂、水重重向心的围合之中。这样的格局，一方面能在周围山川的拱抱之中阻挡寒风侵袭，从而形成阳光普照、水草丰茂、阴阳和合的良好生态小气候；另一方面，龙、砂、水种种构成如画的景观意象，赋予人最丰富的审美体验，得到游目骋怀的心性寄托。因此点穴的关键在于“点”字。“点”就是选择，就是对龙、砂、水格局的综合权衡。

点穴首先要考虑龙脉与穴的关系。好穴必然是龙脉生气的凝聚点。堪舆理论认为，穴是天造地设的，既有生存之龙，必有生成之穴。看地重在择穴，择穴重在审龙。龙真必结穴。龙脉的走势、方位、位置等千变万化，“高忽而低，亦低而高；北忽行南，亦西而东；有闪走的，有斜飞的；有背水的，有临岸的”（黄妙应《博山

不纽会图		左右两臂弓抱，不纽会。	纽会图		左右两臂弓抱而纽会。

长乳图		此长乳者，两掬中间垂乳长也。不宜太长，太长则脉不活。前辈多以长乳分三停立穴，谓之天、地、人三才之穴，必须要有宛然平坦处，审前后左右四势情意扦点。不可于峻急、直硬强勉凿穴。大要两弓将抱，一乳正中，不欹不侧，不峻不粗，方为合格。若长而硬，粗而峻，如饱肚肿脚，如竹篙，如掷枪之类，则非真结，不可下也。
短乳图		此短乳者，两掬中间垂乳短也。不可太短，太短则力微气弱。须是短得其宜，界水明白为佳。大要左环右抱，一乳正中，不粗不峻，方为合格。若太短而急硬粗峻，界水不明，或如覆箕，或如顿钟之类，则非真结，不可下也。
大乳图		此大乳者，两掬中间垂乳大也。大近于粗。不可太大，太大则必粗顽臃肿。须是大得其中，不粗不饱为佳。大要左右弯环，抱卫有情，一乳正中，不欹不峻，方为合格。若大而粗，硬而急，肚饱臃肿，阔大懒坦，则无融结，不可下也。
小乳图		此小乳者，两掬中间有微乳也。不可太小，太小则力微气弱。又恐左右两掬雄压欺穴。须是小得其中，乳头光圆，左右相称为美。大要两宫环抱，一乳正中，小而不弱，界水分明，不欹不峻，乃为合格。若太小而甚微，瘦弱尖细，左右欺穴，旁山高压，则非真穴，不可下也。

双垂乳图			此乳形变格之双垂乳者，两掬中间垂下二乳也。要大小、长短均匀。可下双穴，福力相等。须星辰尊重，双乳齐垂，左右抱卫有情，方为合格。若一长一短，一大一小，一瘦一肥，一斜一正则非。宜审其特异者下之。若更不周正，势非自然，必无融结，不可下也。

三垂乳图	 三台	此乳形变格之三垂者，两掬中间垂下三乳也。要大小、长短、肥瘦相等。可下三台穴。须是后龙旺盛，气势弘大，方结此穴。必要三乳同垂，左右回环，方为合格。若是三乳不均，偏正美恶有异，宜审中乳合格者下之。如中乳又不足观，则非融结，不可下也。

垂金	生水	夹木	带火	穿土

圆者为垂金，当乘金向坠处立穴，方为合法。	曲者为生水，当乘水动下平处立穴，方为合法。	直者为夹木，当分三停立穴，方为合法。	尖者为带火，当压杀剪火立穴，方为合法。	方者为穿土，当乘圆就方，量中心立穴。垂乳之下平齐即穿土。

篇》）；而穴分四形，四形之中又有正格变格。对于如何在复杂多变的地形中寻到真正的吉穴，《博山篇》提出了几点基本原则：“认穴法何者真，何者假？山水向是为真，山水背是为假。何者生，何者死？风藏水逆气聚是生，风飘水荡气散是死。龙逆水方成龙，穴逆水方得穴。”

因此，点穴的第一要点就是要得水。《青囊海角经》云：“穴虽在山，祸福在水。所以点穴之法，以水定之。中原万里无山，英雄迭出，何故？其贵在水。故曰：有山取山断，无山取水断。”穴有水环绕，使生气凝聚不散，自然是上上吉穴。《葬书》“气乘风则散，界水则止”注曰：“无水则风到而气散，有水则气止而风无……而其中以得水之地为上等，以藏风之地为次等。”可见，得水是聚气的关键。

其次，要藏风。生气乘风则散，因此无论是哪种穴形，都忌破损缺漏，凹陷拗折。生气散漫而无所蓄积的穴，人无法乘生气，自然无法感应天地而泽及子孙，只能是腐骨败椁而已。但是所谓“藏风”，并不是指不能有风，而是避开有害之风，藏聚有利之风。事实上，没有一丝风，空气无法流通的封闭之地，绝对不是理想的人居环境。

点穴还要考虑气。《博山篇》云：“气不和山不植，不可扦，或有奇纹土隐中，法宜扦。气未止山走趋，不可扦，或腰结，或横龙，法宜扦。气未会山而孤，不可扦，落平阳水局卫，法宜扦。气不来脉断续，不可扦，自然断，断了断，法宜扦，气不行山垒石，不可扦，或异骨土隐中，法宜扦。”这就是说，不能聚气的山不能点穴，但有解救办法，解救得宜，一

<table>
<tr><th colspan="4">突穴图</th></tr>
<tr><td></td><td>山谷之穴要藏风。故山谷之突穴，须左回右抱，切忌孤露受风。卜氏云“山谷且要藏风”是也。</td><td></td><td>平洋之穴要得水。故平洋之突，四畔坦夷，亦不为害。但要界水分明，水势注聚，或绕抱为佳。卜氏云“平洋先须得水”。</td></tr>
</table>

<table>
<tr><td>大突图</td><td colspan="2"></td><td>此大突者，其突高大也。平地高山皆不宜太高大。若太高大则近粗顽，不成突格。须是大而相停，不至粗肿顽懒为佳。切要突面光圆，形体颖异，乃为合格。大突多为水口罗星，及龙身漏落仓库、金箱玉印之属，务宜详辨，不可误也。</td></tr>
<tr><td>小突图</td><td colspan="2"></td><td>此小突者，微起小突也。平地高山皆不宜太小。若太小，则起突不真。须是小而合格，不至微弱无依为佳。切要突面光肥，形体颖异，乃为合格。如或微小，高低不明，界水旷阔，或水割四畔，微弱无依，皆非真穴。凡小突多为引脉气泡，或关峡几珠，或印墩之属，务须详辨，不可误也。</td></tr>
<tr><td>双突图</td><td></td><td></td><td>此双突者，穴星并起双突也。昔人谓之双星，亦有两畔生聊牙歧者，昔人谓之麒麟，皆可下两穴。切要大小、高低、肥瘦均匀，突面周正，形体颖异，方为合格。若大小不等，肥瘦不匀，高下参差，务须详辨，择特异者下之。若彼此似可而不正，狐疑难辨，美恶不分，皆非真结，不可下也。</td></tr>
<tr><td>三突图</td><td colspan="2"></td><td>此三突者，穴星并起三突也。昔人谓之三台，可下三穴。切要大小相等，突面光肥，形体颖异，方为合格。若大小不均，又当审其特异者下之。如彼此疑惑，美恶不辨，则非真结，不可下也。</td></tr>
</table>

圆者为出金，当乘金向坠处立穴。	直者为出木，当剪木安穴。	曲者为出水，当乘动处安穴。	尖者为出火，当剪火立穴。	方者为出土，当乘圆就方立穴。

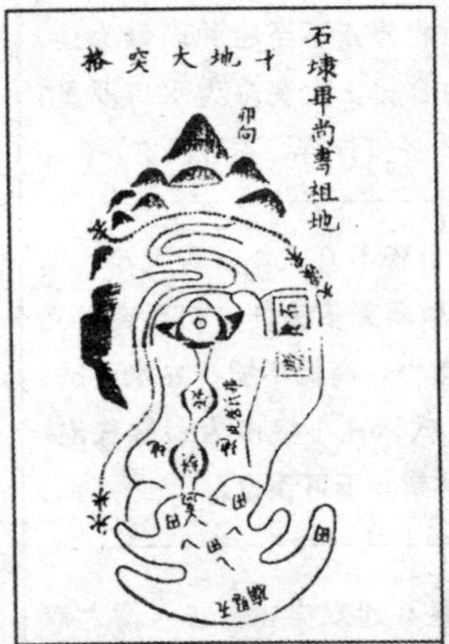

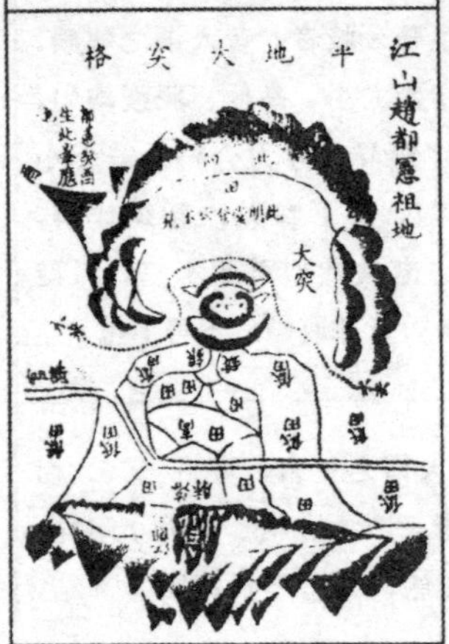

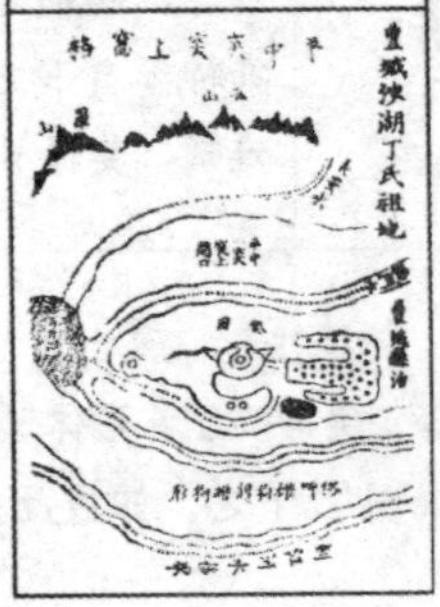

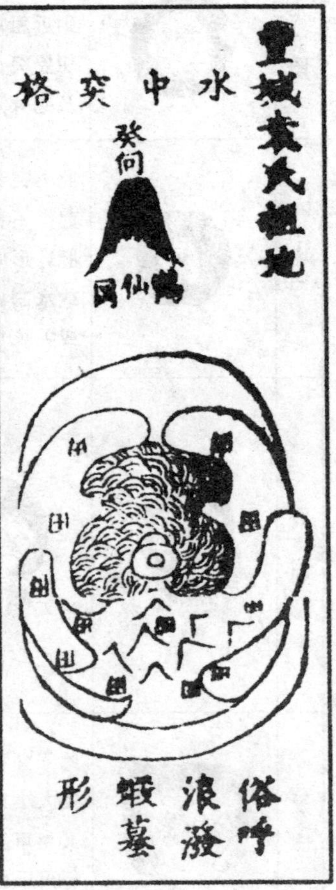

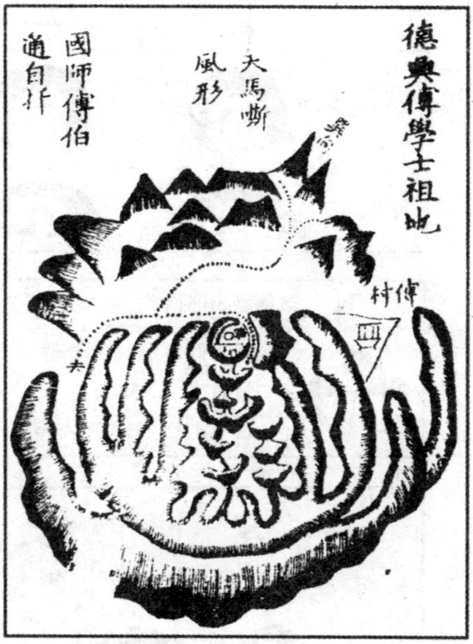

样可以点穴。

总而言之，点穴最好先登上一方高地，从局外进行全面的审察，再从有情之处细察微茫，以辨穴的真、假、生、气。有人总结历来的点穴要点，大约有十二项：一要藏风聚气，二要找生气避死气，三要明堂借水，四要交合分明，五要前后相应，六要左右相济，七要避凶躲煞，八要内外相乘，九要浅深得宜，十要不脱脉情，十一要别其枯润，十二要土色鲜明。

古代帝王陵寝点穴，相当于确定“金井”的位置。金者，宝贵也。按堪舆术讲，金井为风水之穴，便于乘阴阳之气。从明清两代帝王陵寝发掘资料来看，在陵寝地宫的核心，棺床正中有一个圆形通地脉的深孔，这就是颇具神秘色彩的金井。

陵寝在营建之前，都要确定好穴位，破土时也是先从穴位开刨。

金井作为一眼探井，用以勘探地宫地面所在的地质情况。而后为了进一步确定基础的合宜深度，在金井后还要挖更深的探井，叫做样坑。金井一直保留，而样坑则挖完勘察后立即回填。金井除了勘探穴中之土外，在整个设计过程中是地宫

类别	窝穴	钳穴	乳穴	突穴
太阳金				
太阴金				

双侧脑担凹穴		双侧脑扳鞍穴	
	头高头低而中凹结穴者曰扳鞍穴。双脑同高而中凹结穴者，曰担凹穴。		凹间弯者曰双金扛水，平者曰双金扛土，各有窝、钳、乳、突四格，图繁不载。

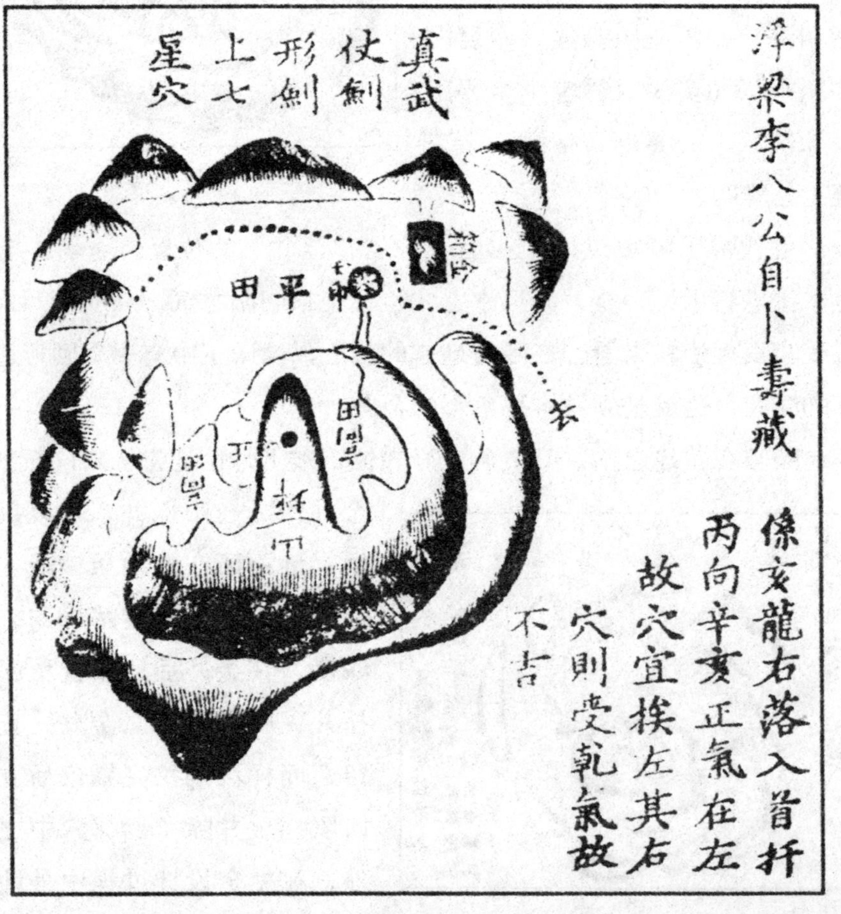

格局大小、形制订立的根本性依据，也是整座陵寝建筑格局的基准点，成为各主要建筑平面布置和竖向层次设计的重要依据。

具体说来，“京都以朝殿为正穴，州郡以公厅为正穴，宅舍以中堂为正穴，坟墓以金井为正穴。”正因为如此，帝王们生前对陵墓金井格外重视。传说慈禧太后曾亲自到菩陀峪看视金井，并把她手腕上的十八颗珍珠手串摘下来，投入金井，作为镇墓之宝，以示息壤。慈禧还屡派大臣自内廷前往地宫，在金井中安放了数量惊人的金玉宝器。

帝王陵寝点穴并勘探了穴处土质后，就在金井上覆盖以斛形的木箱，以后就永远不让这个穴再见日月星三光。在穴前方一定距离内树立志桩，穴和志桩均严加保护，直至钦定陵墓工程动工。在皇帝的大葬秘典中有记录，棺椁安放前，要由王宫大臣将陵寝兴工动土时初掘的“金井吉土”捧入地宫，置于金井中，然后，再将棺椁安放在金井上面。有关部门在发掘整理清西陵崇陵地宫时，曾在光绪皇帝梓棺下的金井中发掘出有大葬时用黄绫布包着置于金井的黄土约半斤。

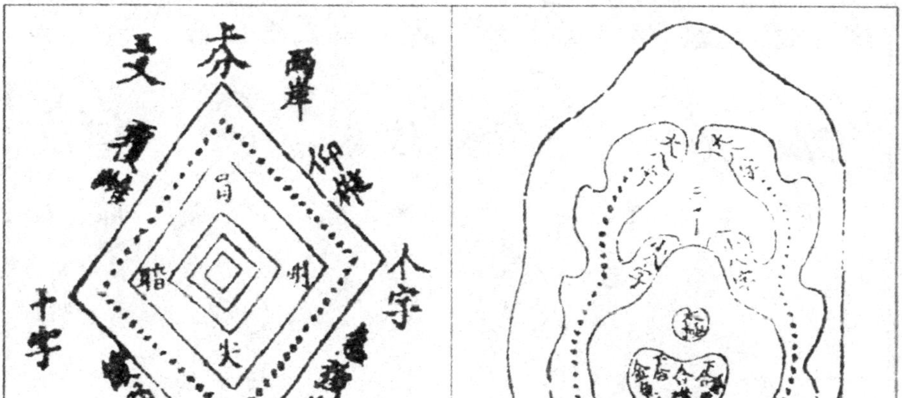

三、察砂原则

砂，是“沙”的俗字，指细碎的石头。堪舆中的砂是指穴前后左右环抱的群山。徐善继《地理人子须知·砂法》曰：“夫砂者，穴之前后左右山也”。察砂，就是考察穴场周围的山体状况。

在堪舆术中，龙是山，砂也是山，而二者的区别在于，龙是指大范围的山脉，而砂则是组成龙脉的个体单元，是隶属于龙脉的山体。龙大，则砂多；龙贵，则砂美；龙强，则砂远。龙行于地上，砂随龙四周相护，如同奴仆侍候主人。因此俗语称“来龙去脉”，而不称“来砂”。关于龙与砂的关系，《青囊经》描述为：“龙为君道，砂为臣道；君必位乎上，臣必伏乎下；垂头俯伏，行无乖戾之心；布秀呈奇，列有呈祥之象；远则为城为郭，近则为案为几……水口以之而关。”

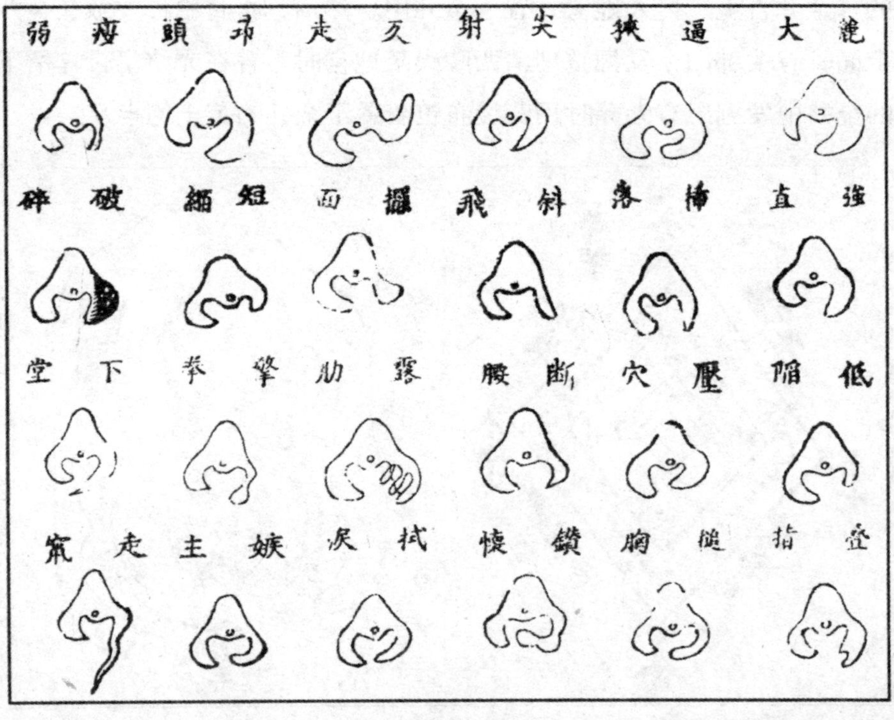

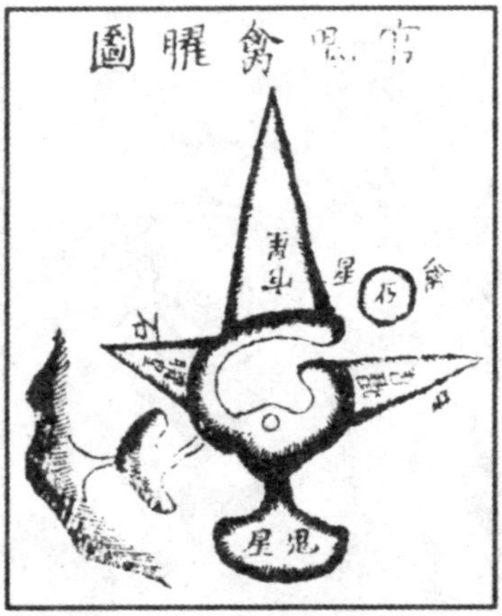

堪舆学认为，仅有龙还不能成为吉祥之地，龙的周围还需要各种砂来拱卫和屏障，如果没有砂，宅地就很难聚纳生气。砂的另一个作用是保卫穴场和水口。因此，在考察宅地风水的时候，四周的山砂也很重要，它们的位置和形态也是风水好坏的标志。

判断砂的外观形态的基本准则，以尖圆方正、秀丽光彩之砂为吉，倾斜臃肿、破碎丑恶之砂为凶。黄妙应《博山篇》将砂归为三大类，“肥圆正为富局，秀尖利为贵局，斜臃肿为贱局……破碎的，直强的，狭逼的，低陷的，斜乱的，粗大的，瘦弱的，短缩的，昂头的，背面的，断腰的，皆砂中祸也”。

砂依其位置、形状之不同，又分侍砂（两边鹄立，能遮恶风，最为有力）、卫砂（从龙拥抱，外御凹风，内增气势）、朝砂（面前侍立，不论远近，特来为贵）、迎砂（绕抱穴后，平底似揖，参拜之职），根据风向，又以挡风者为上砂，反之为下砂。但不管其名目如何，砂与穴的从主关系是不变的。砂要朝迎揖逊，如群臣拜君；要拱卫环抱，如侍卫护君；要簇拥相从，如臣下随君，因此，风水中的穴与砂也同样被赋予了封建礼法等级的内涵，体现了浓厚的

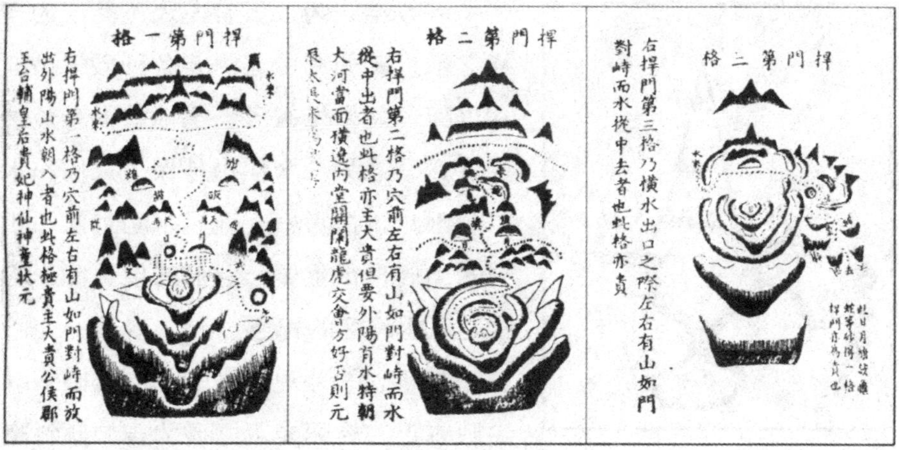

主尊臣卑的等级观念。

一般就砂的形状、位置、向背、远近、大小来说，砂以向、内、远、大为吉；以背、外、近、小为凶。砂如果近在眼前，以高不过仞、大不过寻为吉。吉砂高则吉，凶砂高则凶。

如果将砂作为一个整体来看，风水学认为，砂的层次越多越好，如果能够重重叠叠，排列得前后有序，并微微内倾，就是“有情护卫”，再加上潺潺流水环抱，就能“发富发贵”，是极佳的风水宝地。

由于砂山大多以各类比寓形象而命名，堪舆学中就出现了“喝形”这一概念。所谓喝形，即《雪心赋》所说的“物以类推，穴由形取”，是指凭直觉将山形地势比喻为某种动物或物体，以隐喻宅地的吉凶。堪舆学认为，有好的形状的峰峦林立堂局四周，其风水格局一般也必佳；佳穴往往具有很好的“峦头”形象，即山形地势符合某种“瑞象”的格局。关于“喝形”，世人自古以来因其世俗色彩浓重的原因而对其褒贬不一，但其在堪舆实践中却广为流传并被广泛地应用着。例如清西陵东、西华盖山，元宝山、蜘蛛山等砂山之名即为喝形之果。

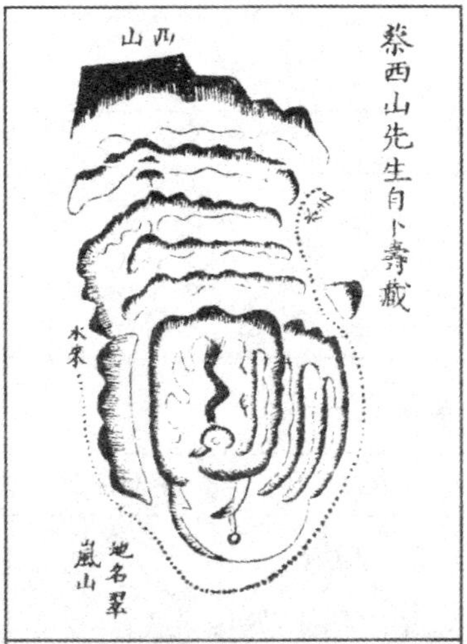

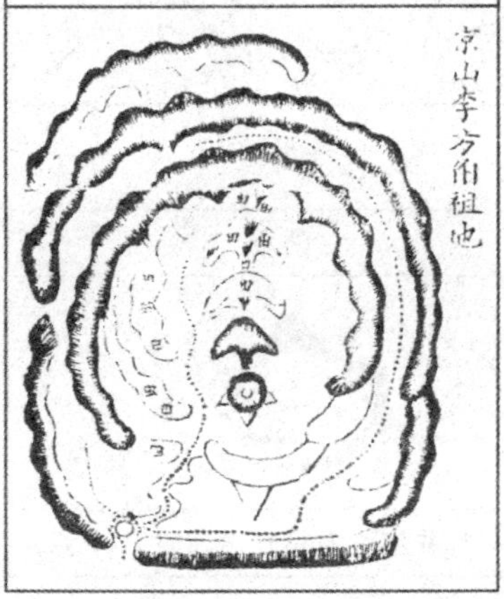

堪舆中还引入“四神”的概念以命名穴四周的砂，这就是有名的“四神砂”。所谓四神，又称四灵、四象，即朱雀、玄武、青龙、白虎。《礼记·曲礼上》的解释是：“行前朱雀而后玄武，左青龙而右有白虎。”但是这个方位与我们今天看地图时面向北方的朝向是正好相反的，堪舆是面朝南方，因此相应的方位是前南后北，左东右西。

堪舆中的青龙指穴场左边的山，又称龙山、左辅、左肩、左臂等。阳宅左边的流水也可称青龙。青龙之山，应该明净舒展，蜿蜒柔顺，拥卧明堂。

白虎指穴场右边的山，又称虎山、右弼、右肩、右臂等。也指阳宅右边的大道。白虎之山，应该低缓俯伏，较青龙更加柔顺，与青龙互相呼应，左拥右抱，拱护穴场。白虎如侍卫护主，贵在驯服，不可露峥嵘凶形，亦不可残缺破损。

朱雀，指穴前方的山，亦指阳宅居室前方的地形。朱雀若为山，应端庄挺拔，秀丽活泼，向穴含情朝揖翔舞，即《葬经》所称“朱雀翔舞”。

玄武，指穴后方的山，也指阳宅后方的小山。玄武之山，应该低头俯伏，山势逐渐向穴场低垂，谓之“玄武垂头”。玄武若是昂首，头不垂伏，是龙脉未尽，非结穴之地，是“玄武拒尸”之象，《葬经》注曰：“如不肯受人之葬而据之也。”被堪舆家认为是大凶

龙虎吉类[1]

龙虎降伏	龙虎比和	龙虎逊让

以上三格皆主一门和义，富贵平康，兄友弟恭，妻贤子孝。

龙虎排衙	龙虎带印	龙虎带牙刀	龙虎带笏印	龙虎带剑

以上五格皆主贵，有威权，能文能武。

龙虎交会	龙虎开

此一格主易发财禄，富贵悠久，至吉。	主贵而有威权，傲物轩昂，眼空海宇。

之象。

古代堪舆学公认“玄武垂头、朱雀翔舞、青龙蜿蜒、白虎低头”为吉祥宅地理想模式。即以玄武砂为靠山，象征稳如泰山；左有青龙砂向内弯曲蜿蜒相护；右有白虎砂低头向外踞蹲；前方朱雀砂秀丽且占吉位，朝应水曲屈弯环，充满生气。

堪舆学中还有“朝案有情”的说法。“朝”和“案”都是砂。风水家认为，龙脉落穴，真气凝聚之所，如王者身怀万宝而燕息，明堂宽绰，池湖缭绕，远山近水，朝揖翕聚，千源万脉，总归一处。远者千里迢迢而来，与穴遥遥相对，俯伏拜揖之状是为朝山；近者自身穴前，如玉几龙案，是为案山。也就是说，离穴近而小的称案，高而大者称朝。

朝山又名朝砂、外阳。与案山相比，远而高大，取百官朝觐之意。堪舆家认为，朝山须有情朝拱为吉，无情向穴者，虽峻秀也终是无用之物。迢迢远来，两水夹送，特来献秀，拜伏朝拱，具有这种形象的朝山为上格；横开帐，有情面穴，或两边如排衙唱喏之状的横朝山，次之；虽可见尖峰秀丽，但大势直去无情者叫备朝，为下等的朝山；下无拜伏之山，上无正应之意，乃是伪朝山，虽有犹无。朝山形象万千，或尖圆，或方平，只要无孤独、逼仄、狭窄、闭塞之嫌，端正秀丽，开阔光明，局势宏大则为吉。

案山之中，最靠近穴的称前案，第二、三……重案山则统称为前应，取“贵人据几案处分政令”（徐善继《地理人子须知·砂法》）

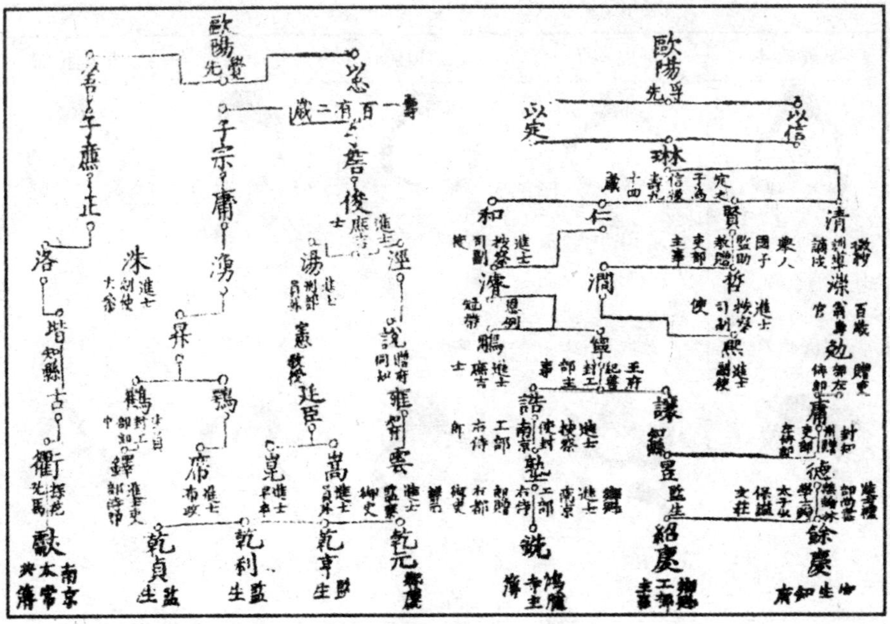

之意。堪舆家认为，案山能使穴前萦绕更加周密，有助于生气凝聚不散，增加居处的贵美；穴有案则财富无量，穴无案则生气四处飘荡，涣散难聚，主子嗣破败流离。案山最重形态，以清秀为美，要不高不远，不斜走，不粗恶，不反背。案山之势不宜太过狭窄，对于穴山，要有朝揖之势方为贵。又案山以逆水案为吉。

案，如人据案之义。朝，如宾主抗礼之义。所谓朝案，就是讲究有情有礼，宾见主，臣见君，子奉父，妻从夫，贵贱分明。风水宝地往往山前有案，如玉几、横琴、倒笛、按剑，而山远处有林立的朝山，如宾、臣、子、妻等。“朝案”

龙虎相斗	龙虎相争	龙虎相射	龙虎飞走	龙虎推车

两边高昂相对，主兄弟不和。	主兄弟争财失义及目疾。	主兄弟相杀为军配。	主父南子北，兄东弟西，夫妇生离。	主退尽田产。
龙虎折臂	龙虎反背	龙虎短缩	龙虎顺水	龙虎交路

主残疾绝嗣。	主妻逆子拗，兄弟不和。	主孤寡伶仃，贫寒无倚。	主卖尽田庐，离乡绝嗣。	主自缢牢狱，风跛疾厄。

观念其实是封建伦理等级思想在风水中的运用，其目的是使陵墓的四周体现尊卑秩序。

以清西陵中的泰陵为例，近处蜘蛛山为案山，远处元宝山为朝山，总称为“朱雀砂”，占据了陵区中最为尊贵的位置。整个山陵正是以泰宁山——蜘蛛山——元宝山为中轴线，中轴线上与主体建筑相呼应，数十座建筑沿着这祖山、案山、朝山形成的中轴线，错落有致，疏密得当地排列着，形成多层的立体轮廓线，增加了整个陵区建筑环境的深度感及距离感。这种“朝案有情”的风水格局，在景观上正符合中国传统绘画理论在山水画构图技巧上所推崇的“平远、深远、高远”的风景意境和鸟瞰透视的画面效果。

四、观水原则

“风水之法，得水为上”，水在堪舆中具有举足轻重的地位，有“未看山时先看水，有山无水休寻地”等说法。从自然因素说，古人在选择居住地时，最理想的环境有山、水构成，其中水最重要。《入地眼》中说：“夫以血为荣，水乃地之血。”地球上凡是生命体（人、动物、植物等），在其整个生长发育过程中，时刻都离不开水。因此水又常被称为生命之泉。

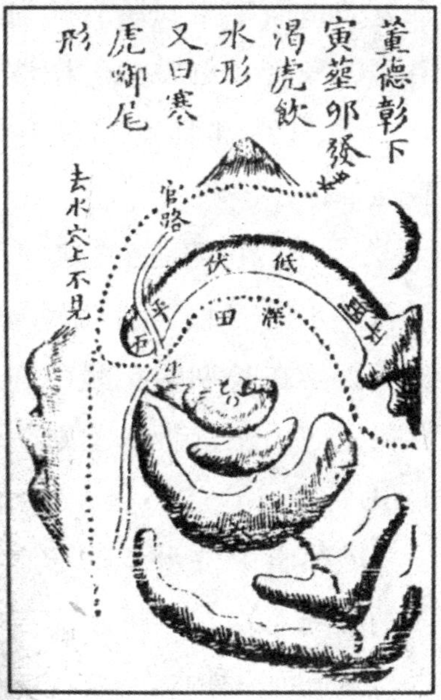

堪舆理论认为，水可以使龙气蓄积聚留。山不能无水，无水则气散，无水则地不养万物。山若无水，等于没有生气，也就不成龙。水流所止之处，就是生气凝聚之所。众水会聚之处，形成池泽湖泊，是真龙的休憩之地。这一点，蒋平阶《水龙经》有明确记载：“气者，水之母，水者，气之止。气行则不随，而水止则气止，子母同情，水气相逐世。夫益于地外而有迹者为水，行于地中而无形者为气。表里同用，此造化之妙用。故察地中之气由东趋西，即其水之或去或来知之矣。行龙必水辅，气止必有水界。”水的聚气性作用，也已经为现代科学所证实：水是吸收各种波动能的极性分子。而宇宙间所有的射线（声、噪音、电磁波、微波、光、辐射）都具有“波粒两重性”。

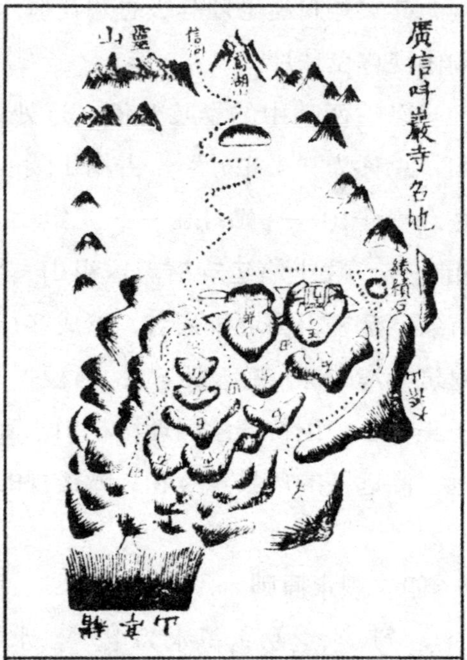

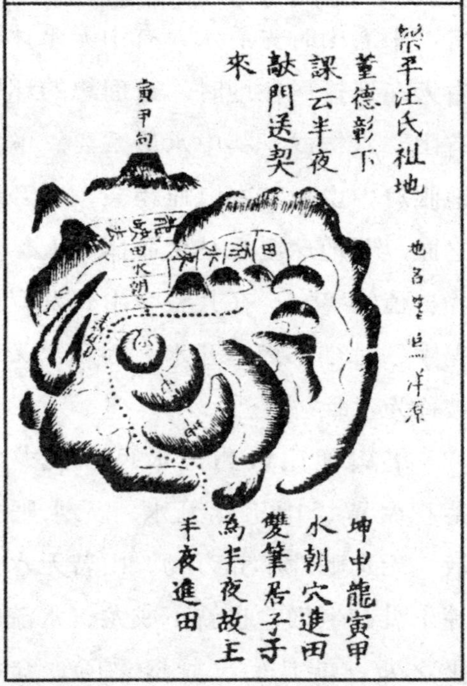

总之，山环能“聚气藏气”，水能“载气纳气”。中国堪舆学在长期的实践中，也形成了“山主富贵水主财”的共识。

堪舆学中按水流的形态，归纳出随龙水、拱揖水、绕城水、腰带水四种水。

随龙水：指水流顺山势而来，随龙之水不被山脉所伤，并且生旺为吉。

拱揖水：指水流从左右相从而至，不喧宾夺主。拱揖之水贵在前面。

绕城水：指水流前后循环合抱，环绕而过。绕城之水贵有情。

腰带水：指水流如弯弓状从左右流过。腰带之水贵有环湾。

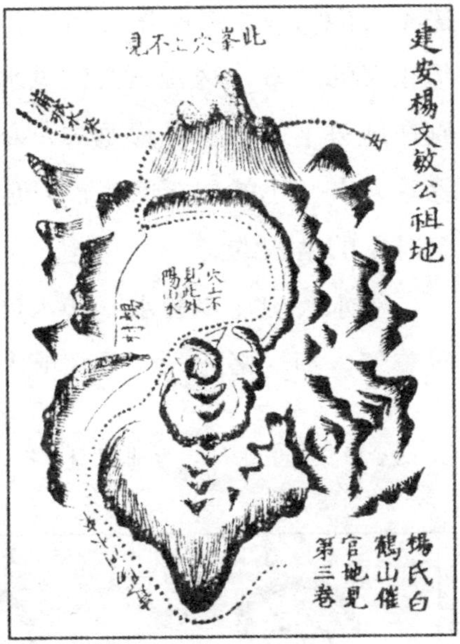

观水就是对来水的审察，包括审察水的流势、形态及水质。怎样的水为好呢?堪舆学认为，水源深长则龙气旺而发福悠久，水源短浅则发福不远。水要入堂，又要有下关收水，或者水龙暗拱，都是好水。凡水之来，欲其屈曲，横者欲其绕抱，去者欲其盘亘，回顾者欲其澄凝。如果是海水，以其潮头高、水色白为吉。如果是江河，以其流抱屈曲为吉。如果是溪涧，以其悠洋平缓为吉。如果是湖泊，以其一平如镜为吉。如果是池塘，以其生成原有为吉。如果是天池，以其深注不涸为吉。

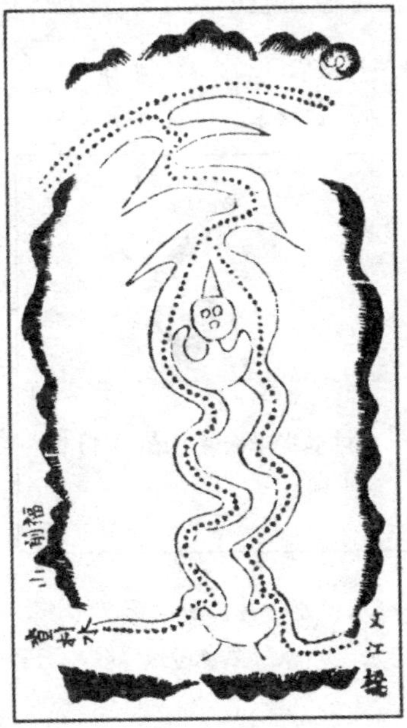

堪舆家认为，迢递而来的江河之水，也只有形成了环形的“墙”，才能围住地中生气而不使之消散。如果水流不见回头环绕之处，而是一泻千里，那

决不可能结成生气凝聚的吉穴。这是因为直到环绕回顾之处，才是生气止聚的地方，这就是古代风水文献中说的“界龙所以止来龙”。特别在地势平坦之处寻找龙穴，必定要在水城大缠大回之处去作仔细的探求，有些小的屈折回头，只是真龙来气结咽的地方，是无法形成生气凝聚的结穴的。

观水关键还要看水城和水口。堪舆学认为，“气生水，水又聚注以养气，则气必旺”。（《博山篇》）水具有养气、护气、关气的作

［**金城**］金星水城，弯曲抱身，极吉。有三格：曰正金、曰左金、曰右金。图具下：

弯曲抱身，如弓圆弩满，左右来去皆可。	水自右来而左去，左畔弯环曰左金，要龙山兜白虎。	水自左来而右去，右畔弯环曰右金，要虎山兜青龙。

诗曰：抱身弯曲号金城，圆转浑如绕带形。不但显荣及富盛，满门和义世康宁。

［**木城**］木星水城，直峻无情，大凶。有三格：曰直木、曰横木、曰斜木。

直峻冲心射面，不可以其为特朝也，主凶。	横木城一水穿堂而过，既直且急，全无顾穴之情，主凶。	斜木水城，来去皆无情也，主凶。

诗曰：峻急直流号木城，势如冲射最无情。军贼流离及少死，贫苦困顿受伶仃。

［**水城**］水星水城，之玄屈曲，最吉。有三格：曰正水、左水、右水也。《赋》云：“九曲入明堂，当朝宰相。”乃此水耳。

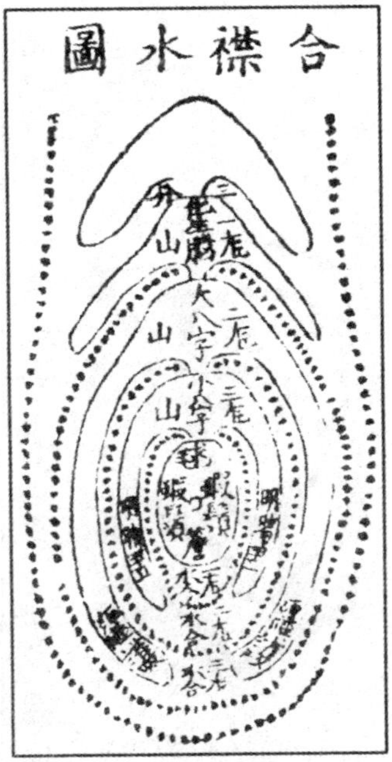

用，有似于城墙，所以围绕穴山的水流在风水中就叫“水城”。

水城可界限龙脉，使穴气蓄聚。《地理人子须知》说：“夫水城者，所以界限龙气，不使荡然散逸者也。”按形状区分，水城有金、木、水、火、土五种基本类型。其中金城弯环，水城（指水形水城）屈曲，土城平正，火城尖斜，木城直撞。《玉髓经》说：“抱坟婉转是金城，木似牵鼻上绳。火类倒书人字样，水星屈曲之玄形。土星平正多沉汪，更分清浊论音声。”五种水城中，金形、水形圆曲环抱，盘桓有情，所以为吉；木形、火形直冲斜折，所以为凶；土城则有吉有凶。

穴山前的水流进口处被称为水口。古人一方面认识到水流会影响气：“气之阳者，从风而行，气之阴者，从水而行。”“顺阴阳之气以尊民居。”另一方面又认为水主财，所以特别重视水口。

水口的范围有大有小。从水流进到水流出，水所经的地区就是水口的范围。《入地眼图说》卷七《水口》云：“自一里至六、七十里或二、三十余里，而山和水有情，朝拱在内，必结大地；若收十余里者，亦为大地；收五、六里、七、八里者，为中地；若收一、二里地者，不过一山一水人财地耳。”这就是说水口范围与富贵成正比例。水口包容的地面越大，所能承受的容积越大，造福的涵盖面越大。

风水家认为，水口形势宜迂回收束，有重山关拦；如果旷阔直去，则生气外泄，不利穴气融结。在水口处，凡水来之处谓之天门，若一来不见源流谓之天门开。水去处谓之地户，不见水去谓之地户闭。源宜朝抱有情，不宜直射关闭。去口宜关闭紧密，最怕直去无收。

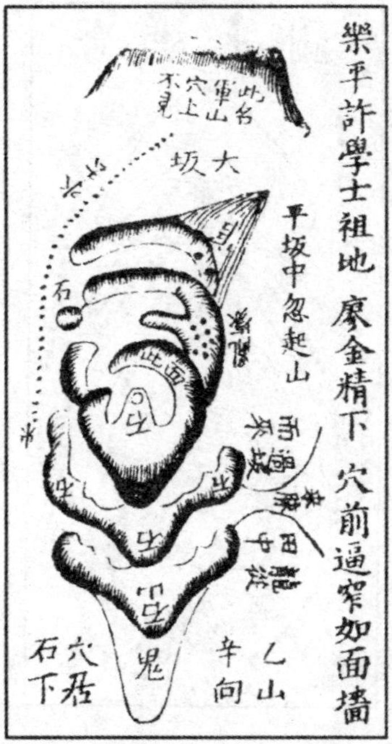

一般来说，仔细观察水口截势，穴的顺、逆、向、背在此就可以预先卜知了。具体地说，如果形势昂头则知结盖穴，形势截垂则知结撞穴，形势伏则知结粘穴，形势斜则知结倚穴，这些通过察势就可预知。

总的来说，穴地周围的水应该与龙和砂一起对该地点构成关拦、聚气的围合态势。水口处要有门关拦，忌倾泻直奔而去。朝水要徐徐流淌，忌直射湍怒；去水要有砂关拦锁抱，忌奔流直去；聚水要清洁，没有污浊之味。

此外，水的品质也是考察的重点。堪舆理论要求水质清冽甘甜，东陵境内的西大河和西陵境内的易水河均水质明净平和、清澈见底。乾隆在永福寺牌坊对联中赞誉易水“清泠襟易水，八功遥溯灵源”，实为风水之法所要求的理想之水。

《地理或问叙》以水的味道为判定标准：“水味以甘甜为上，辛咸次之，酸苦最下。水本无味，因土而变味。气以变土，土以变味。地有气而后水有味，故盐池皆龙气所钟。其余州郡之大者，城内必多咸水。乡村有咸水者必多富贵，此亦可以卜地气矣。”而《博山篇》则从色、香、味三方面来判别水质：“水色碧，水味甘，水气香，主上贵；水色白，水味清，水气温，主中贵；水色淡，水味辛，水气烈，主下贵。若水酸涩，发馊，不足论。”虽然没有现代科学技术精确，但也有一定的科学道理。

五、立向原则

立向，就是根据龙穴砂水堂局的实际情况，合理确定阴阳二宅的坐度。立向在堪舆中具有重要的地位，被认为是看阳宅或阴宅最重要的一环，犹如画龙之点睛。按《地理五诀》的说法，所谓的向，是龙、穴、砂、水的大相会之地。龙只有一龙，而向能使龙生、旺、死、绝；穴只有一穴，而向能使穴有气、无气；砂只有一砂，而向能使砂或者得位，或者不得位；水只有一水，而向能使水杀人救贫。没有向，龙、穴、砂、水这四者只不过是有形无名；只有向定了，龙、穴、砂、水才会有名，才能真正“乘生气”。堪舆学中有所谓“千里江山一向间”的说法，肯定了立向的绝对重要性。

在许多堪舆术书中，都有建筑坐向和方位的讨论，并被认为与人的吉凶休咎密切相关。例如有“论各命坐向”说：“亥卯未命，宜坐北向南大吉，坐东向西次吉，坐南向北可用，不宜坐西向东，犯坐煞大凶。寅午戌命，宜坐东向西大吉，坐南向北次吉，坐西向东可

用，不宜坐北向南，犯坐煞大凶。巳酉丑命，宜坐南向北大吉，坐西向东次吉，坐北向南可用．不宜坐东向西，犯坐煞大凶。申子辰命，宜坐西向东大吉，坐北向南次吉，坐东向西可用，不宜坐南向北，犯坐煞大凶勿用。”就把建筑的坐向和人的“命”联系在一起。

堪舆学的经典文献《管氏地理指蒙》里有云：“卜兆乘黄钟之始，营室正阴阳之方，于以分轻重之权……生者南向，死者北首。”又说：“卜兆营室二事，一论山，一论向，为堪舆家第一关键。”这里提到的“山”与“向”即坐山与朝向，这是堪舆学的两个关键概念。山，就是背后的靠山。所谓坐山朝向，就如同一个人一样，有前胸就有后背，都有前后，前面是朝向，后面就是坐山。如我们常说一个屋子是坐北朝南的，这里北方就是坐山，南方就是朝向。要实现基址选择的天时、地利、人和的完美统一，必须综合考虑龙、砂、穴、水的情况，以确定建筑的坐山朝向。因为不同的山向，具有不同的吉凶意义，所展现出的山水格局与情态也是不同的。

看一座屋宅，或寻找一处吉穴，其中能有多少坐山朝向呢？通常人们会说“四面八方”，这“八方”指的就是东、西、南、北，再加上东南、东北、西南、西北。将周围360度划分开来看，八个方向各占45度。而堪舆学分得更详细，又把上述八方中的每一方划分为三个方面，共有二十四个方向，俗称二十四山，每一山各占15度，又合称二十四山向。

在古代堪舆中，二十四山向是用八天干、十二地支和四维卦来表示的，从正北的子山开始，依次是子、癸、丑、艮、寅、甲、卯、乙、辰、巽、巳、丙、午、丁、未、坤、申、庚、酉、辛、戌、乾、亥、壬。二十四山配上后天八卦方位，每个卦包括三山，即“一卦管三山”。分别是：

坎卦包括壬、子、癸三个山（正北）；

艮卦包括丑、艮、寅三个山（东北）；

震卦包括甲、卯、乙三个山（正东）；

巽卦包括辰、巽、巳三个山（东南）；

離卦包括丙、午、丁三个山（正南）；

坤卦包括未、坤、申三个山（西南）；

兑卦包括庚、酉、辛三个山（正西）；

乾卦包括戌、乾、亥三个山（西北）。

堪舆家认为，既然方向方位和吉凶有密切关系，那就不能马虎对待了。不仅东西不分、南北颠倒是大错，就连一丁点的偏移也不行。随着堪舆术的日益复杂和玄奥化，对辨方正位的要求越来越高，越来

越精细，发展到后来，仅依靠目测或者简单的工具已经不能满足需要，于是更为精准的测量工具——罗盘就应运而生了。

堪舆用的罗盘源于司南，由汉代六壬式盘发展而来，至唐宋时形制基本确定下来，随着堪舆术的发展，地位越来越重要。到了明清时期，罗盘已成为堪舆术士的必备之物。掌握罗盘的用法，成了堪舆从业者的一项基本功。清乾隆时期的餐霞道人说过："罗经是堪舆之指南，无罗经则山向何由分，方位何由定。"佛隐《风水讲义》也说："罗经为堪舆家之秘宝，揆星度，正方位，分金定穴，端赖乎是，所以列为阴宅之关键，研究是道者，必先洞悉罗经之妙用。"堪舆术士既可以用罗盘来乘气、立向、消砂、纳水、观天，又可用来相地，"测山川生成之纯爻，以辨其地之贵贱大小"。

就阴宅堪舆而言，用罗盘来测定坐向有两种方法，即内分金法和外分金法。内分金法，就是以棺椁首尾中点的连线定坐向方位，这便是线位；外分金法，就是以碑面（刻字的一方）的向为向，相反方向为坐；有些风俗不喜在坟前下石碑，只是把这里的泥土削平，这平面便是向了。阴宅立线，以罗盘外盘与碑面平行，甚至将罗盘贴在碑面上，然后将内盘转至磁针叠在红线上，量度阴宅的坐向山水以论吉凶衰旺。堪舆家认为，阴宅所能乘得的生气只分布在一条非常狭小的线脉之内，稍一偏移，就可能脱离脉气。所以堪舆学中有云："分金差一线，富贵不相见。"

堪舆中的坐山立向功夫讲究龙、穴、砂、水间的配合，涉及一整套繁杂的理论，这里限于篇幅，不再详述。其实，撇开那些繁琐的理论不谈，只大略考察一下历朝历代的各类建筑，我们还不难发现堪舆立向的一条基本原则，这就是"负阴抱阳"。

《老子》有云："万物负阴而抱阳，冲气以为和。"这一观点对堪舆择地有着深刻的影响。所谓"负阴抱阳"有两层意思：一是背靠高山，面对江河。二是背北向南，即坐北朝南，争取充足的阳光。

秦代，堪舆家对帝陵选择以坐西向东为吉，环境以依山傍水为吉。到了汉代，这两条原则发生了变化：方位不再以坐西向东为吉，而以坐北朝南为吉；环境不再以依山傍水为吉，而以背山面水为吉。如汉家陵阙均建于渭河北岸九 山前的高垣之上，面对渭河水，背靠九 山，坐北朝南。这两点变化均对后世的建筑和堪舆理论产生了深远影响。

古代堪舆家认为，地之形势要犹如人体，有首、有臂，两臂围合方称安全，这就需要背靠青山，青山环绕。山应高大，居中为玄武，左侧应有青龙山辅佐，右侧有白虎山挡风，南有朱雀山为屏应，前有河水流过，方为理想的之吉地。《堪舆泄秘》云："凡到一乡之中，先看水城归哪一边，水抱边可寻地，水反边不可下。"这是说村落选址应在河流的弯曲处，以呈马蹄形的自然围合特征。这些理论显然与"负阴而抱阳"的观念是相契的。

再说坐北朝南，不仅符合古代"南向为尊"的观念，也有因地制宜的合理性，有利于采光和避风。因为中国的地势决定了其气候为季风型。冬天有西伯利亚的寒流，夏天有太平洋的凉风，一年四季风向变换不定。清末何光廷在《地学指正》中云："平阳原不畏风，然有阴阳之别，向东向南所受者温风、暖风、谓之阳风，则无妨。向西向北所受者凉风、寒风、谓之阴风，宜有近案遮拦，否则风吹骨寒，主家道败衰丁稀。"坐南朝北就是要配合中国的季风性气候，以避免西北风的侵袭。

除以上五大原则以外，堪舆相地对土壤的质地也有严格的要求。所谓"石为山之骨，土为山之肉"，绝对不可忽视。如雍正的万年吉地，最初本是定在了清东陵的九凤朝阳山，但后来却发现那里穴中之土竟带砂石，实不可用，只好又重新相度，由此足见土质勘察在陵寝选址中的重要地位，土质的好坏直接决定着陵墓选址的最终确立与否。

在寻龙点穴的过程中，相土法是一种很重要的辅助方法，通过察看穴中土质的好坏来判断该地点生气的旺衰。那么如何考察穴土吉凶呢？堪舆家们总结以下几种方法：

一是闻土辨气法。即取深入地下数米深的“开井”之土来嗅闻，“若其味自然袭人，如有一股清香，入人五脏与人调和，如芝兰参岑，扑鼻可爱者，贵穴也。”而地表上的泥土曾经日晒雨淋，其味不可辨，所以不适合这种考察方式。

二是辨色法。“辨色法”在郭璞《葬书》中有记载：“夫土欲细而坚，润而不泽，裁肪切玉，备具五色。”土的颜色与气脉的好坏有密切联系。为什么要求穴中有五色土呢？《地理大全》解释为：“五气行乎地中，金气凝则白，木气凝则青，火赤土黄皆吉，唯土黑则凶。五行以黄为正色，故赤以纯色为吉。又红黄相兼，鲜明者尤美，

间白亦佳。青则不宜多见，以近于黑色也。”

如果土很干燥，土块大小如栗子一样，或者土湿得像腐肉一样，这样的地方都是凶穴，葬之不吉。五色土当中，以红土、黄土最好，紫土、白土次之，而黑土不吉。土又要有纹理，土细腻而不坚硬，土的颜色又鲜明，具有这些条件的土为吉。土质顽硬，砂块松散，则为劣土。

可以说，上述种种原则，在明十三陵、清东陵和清西陵位置的选定过程中，得到了充分的体现。使得上述三个陵穴的存在，更加充满了庄重和神秘色彩。

如清西陵境内地势宽阔，黄土层填塞，土地肥沃。从地质上分析，北易水流经的大龙华至梁各庄是一断层处，从83cm到4.3m处均为紫黄色坚细的上等佳土，西陵正位于这土层良好的断层上。又如清东陵乾隆的裕陵在刨验土色时，“三尺有紫色土，四尺至八尺系纯细土，自九尺至一丈五尺零俱系紫黄色土”，由此可判断为吉壤。

三是“秤土法”。，即称量单位体积土的重量。方法是：取土一块，四面方一寸，称之，重九两以上为吉地；五七两为中吉；三四两为凶地。或用斗量土，土击碎，量平斗口，称之，每斗以十斤为上等；八、九斤为中等；七斤为下等地。单位质量越高的土壤，则表示该地风水越好。

四是度量法。在选定的建筑基址中心，挖一个小坑，将挖出来的土捣细过筛，再将细土填人坑内，不要压实，与地面水平即可，过一夜，次日晨去观察，松土拱起，则地气旺，土吉，如果松土下沉，则说明地气衰，不宜用。《相宅经纂》记录：“于基址中掘地，用围阔一尺二寸，深亦如之，后将原土筛细，复还原坑内，以平满为度，不可按实。过一夜，次早起看，若气旺，则土拱起；气衰，则凹而凶。”

第六章

明代皇城堪舆概览

南京，明代选址的第一个帝都

南京是中国的四大古都之一，素有“六朝古都”、“十朝都会”的美誉。南京城的风水历来都为堪舆师所称道。据说，春秋时候楚威王熊商为了镇压南京的“王气”，便埋金于龙湾（南京下关狮子山北的江边），“金陵”之名便是由此而来。而后秦始皇统一六国，南巡至南京，也发现此地有“王气”，于是听从方士之言开凿秦淮河以泄气运，又改金陵为秣；陵，意为牧马之地，以破坏王气。

东吴孙权称王后，有人建议定都秣陵（今南京），孙权虽然动心，却未能下定决心。直到诸葛亮出使东吴，勘察过秣陵的地形后，说出“钟山龙蟠，石头虎踞，此乃帝王之宅也”（晋代吴勃《吴录》）这样一番话后，孙权才下定决心，于公元211年定都秣陵，次年建石头城，改秣陵为建业，由此揭开南京作为都城的第一页。至今，在南京清凉山附近还立有武侯驻马坡的石碑，据说就是当年诸葛亮驻马勘察南京地形之地。在清凉山周围，还保存着

"龙蟠里"、"虎踞关"这样富含历史意义的地名。

所谓"龙盘虎踞"，《康熙江宁府志》有具体的描写：

由钟山而左，有摄山、临沂、雉亭、衡阳诸山，以达于东。又东为白山、大城、云穴、武岗诸山，以达于东南。又南为土张山、青龙、石舀、天印、彭，城、雁门、竹堂诸山，以达于南。又南为聚宝山、戚家山、粹桐山、紫阳、夏侯、天阙诸山，以达于西南。又西南绵豆至三山，而止于大江，此诸葛亮所谓龙蟠之势也。由钟山而右，近之为覆舟山、为鸡笼山，皆在六朝宫城之后。又北为直渎山、大壮观山、四望山，以达于西北。又西北为幕府、卢龙、马鞍诸山，以达于西北是为石头城，亦止于江，此亮所谓虎踞之形也。

群山环绕，大江东去，不愧是东南形胜之地。

按照堪舆之说，长江是中国的最大河流，源远流长，所挟带的"龙气"非常旺盛。从地理上看，南京位于长江下游，是几大干龙的交会之处，"襟带长江而为天下都会"。其北郊、东郊、南郊均为连绵起伏的丘陵，如钟山、聚宝山、覆舟山、鸡笼山、清凉山等，对城区形成兰面环抱之势，合围形成一片平坦开阔的盆地，玄武湖、莫愁湖星缀予群山之中；长江自西南滚滚而来，到南京折向，东流入海，环抱城区，形成水口对景；这是非常好的风水格局，不枉担了千古帝都的赞誉。加之南京西接江淮平原，东南邻近太湖平原，物产丰富，又扼守入海通江要道，山川险固，因此历来就是兵家争夺的要地。自孙权之后，东晋、南朝宋、齐、梁、陈，南唐，明初（明太祖、建文帝两朝）、太平天国、民国都定都于此。

明初朱元璋起兵反元，众谋士都认为金陵龙盘虎踞，是帝王之都，主张取金陵而定天下。于是朱元璋听从众人之议，定都应天（南京），派刘基等人勘址相地，营建宫室。即便是明成祖迁都北京后。南京依然保留了京都的地位。有明一代，人们都普遍认为，天下能作为帝王之都的，也就只有南京和北京两处。明代著名政治家、“三杨”之一的杨荣曾说过，天下的山川形势，雄伟壮丽，可以作为都城的，莫过于金陵；若论地势宽厚，关塞险要，能扼守中原抵御外敌的，又莫过于燕蓟（北京）了。即便是以长安（西安）之有崤关和函谷关之固、洛邑（洛阳）之在天下正中，也不能像金陵、燕蓟那样，能够建立万亿年太平之基。因此他在《皇都大一统赋》中极力夸赞南京的风水：

金陵之都，王气所钟。石城虎踞之险，钟山龙蟠之雄。伟长江之天堑，势百折而与流。炯后湖之环绕，湛宝镜之涵空。状江南之佳丽，汇万国之朝宗。此其大略也。

早在三千多年前的春秋战国时期，北京就是蓟、燕等诸侯国的都城，而秦始皇统一六国后，北京更是成为北方重镇和地方中心。元朝定都北京（太都）后，开创了北京作为全国统一政权的都城的历史，并一直持续至今。七百余年内，北京历经元、明、清三朝，除了明初短暂的数十年外，一直都是全国的政治、经济、文化中心。

遥远的时光几乎抹去了元大都的所有痕迹。如今我们只能在《马可·波罗游记》中想像元代北京城的“世

界诸城无能与比”的繁华与壮丽，在断土残垣的城墙遗址凭吊那个逝去已久的王朝曾经震撼世界的辉煌。

但幸运的是，经过清代的不断修缮和建国后的妥善保护，我们今天依然可以在拥挤的高楼和立交桥之中看到明代北京城的影子。

其实北京的风水，早就被堪舆师所称道：

燕山最高，象天市，盖北干之正结。其龙发昆仑之中脉，绵亘数千里……以入中国为燕云，复东行数百里，起天寿山，乃落平洋，方广千余里。辽东、辽西两支，黄河前绕，鸭绿后缠，而阴山、恒山、太行山诸山与海中诸岛相应，近则滦河、潮河、桑干河、易水并诸无名小水，决身数源，界限分明。以地理之法论之，其龙势之长，垣局之美，干龙大尽，山水大会，带黄河，天寿，鸭绿缠其后，碣石钥其门，最是合风水法度。以形胜论，燕蓟内跨中原，外控朔漠，真天下都会。形胜甲天下，倚山带海，有金汤之固。

北京地处渤海湾地区，位于华北平原、蒙古高原和辽松平原之间，西北有蜿蜒逶迤的燕山山脉，西南则是巍巍太行余脉，南控华北平原，东面有山东半岛和辽东半岛呈环抱之势，拱卫渤海湾。北京地势是西北高、东南低，太行余脉和燕山山脉两山在南口关沟相会，形成一个合抱的小平原。在青青的群山之间，来自黄土高原的桑干河与来自蒙古高原的洋河汇合成为汹涌澎湃的永定河，流经京津，汇于海河，注入渤海湾。由于历代永定河水迁徙无常，至今北京依然保存着数条大型故道。综观北京地形，整个是背山面海，在山川河海襟带之间，形势雄伟，是藏风聚气的上佳风水格局。

而在宋儒朱熹的眼中，北京风水格局的气势之大，简直无与伦比：

前面黄河环绕，右畔是华山耸立为虎。自华来至中原为嵩山，是为前案。遂过去为泰山，耸于左，是为龙。淮南诸山是第二重案，江南诸山及五岭又为第三、四重案。

西岳华山是白虎砂，东岳泰山是青龙砂，中岳嵩山是前案，淮南、江南及五岭的连绵群山又是二、三、四、重案。整个华夏大地的名山大川，都只是北京城的重重护卫，气象如此不凡，当真是“好大个风水”！

有了这样上佳的风水外局（宏观环境），统治者似乎还嫌不够完美。

据研究，忽必烈定都元大都后，命刘秉忠和郭守敬师徒二人负责规划城市，营建宫室。二人堪舆过滔，根据山脉形式，将号称“天下第一泉”的玉泉出泉水的地生和地下水脉都引入皇城。地上，有人工

开凿的渠道将泉水引入城内，流经太平桥、甘水桥、太液池，最后流入通惠河。因为玉泉山位于京西，八卦西方属“金”位，因此称“金水河”。刘、郭二人探明了玉泉山水的来龙去脉，于是在泉脉之上营建宫殿，开凿“大庖井”，建御膳亭，专供皇帝饮食使用。“大庖井”水质清冽，在京城水质仅次于玉泉山水，并且无论旱季涝季水位都恒定不变，因此明清两代，成为了皇家祭祀“龙泉井神”的圣地。

勘明了山脉、龙脉的走向后，子午轴线也就随之确定。水脉为东西横轴线，龙脉为南北纵轴线，在此基础上布置的风水内局就更为细致了。如紫禁城、天坛、地坛等各处皇家建筑和鼓楼、钟楼、德胜门等各处门楼，处处都能够看到精心的风水布局。整个北京城可谓集风水之大成。

城市风水的基本格局，也就决定了此后皇家陵寝的基本建筑规制。

第七章

明朝帝陵的基本分布状况

明代皇陵一共坐落在四个地方，分别是安徽滁州凤阳、南京、湖北钟祥和北京。其中安徽滁州凤阳是朱元璋登基之后为其父母和兄嫂所修建的，南京明孝陵则是朱元璋大限之后，安放灵柩的地方。湖北钟祥则是显陵为明睿宗献皇帝和献皇后的合葬墓。

明成祖朱棣继承皇位之后，由于诸多原因，将国都由南京迁往北京，并在北京北部选址建造皇家陵园，此后历代皇帝均埋葬于此，即今天的十三陵。是明代的第四个皇陵。

明十三陵是中国明朝皇帝的墓葬群，坐落在北京西北郊昌平区境内的燕山山麓的天寿山。这里自永乐七年（1409）五月始作长陵，到明朝最后一帝崇祯葬入思陵止，其间230多年，先后修建了十三座皇

帝陵墓、七座妃子墓、一座太监墓。共埋葬了十三位皇帝、二十三位皇后、二位太子、三十余名妃嫔、一位太监。

明十三陵坐落于天寿山麓。总面积一百二十余平方公里。距离北京约五十公里。十三陵地处东、西、北三面环山的小盆地之中，陵区周围群山环抱，中部为平原，陵前有小河曲折蜿蜒，山明水秀，景色宜人。十三座皇陵均依山而筑，分别建在东、西、北三面的山麓上，形成了体系完整、规模宏大、气势磅礴的陵寝建筑群。明代术士认为，这里是“风水”胜境，绝佳“吉壤”。因此被明朝选为营建皇陵的。

明十三陵又名“万年寿域”。该陵园建于1409～1644年，距今已有300～500多年历史。陵区占地面积达40平方公里，是中国乃至世界现存规模最大、帝后陵寝最多的一处皇陵建筑群。明代时，于途中的沙河镇北，建有七孔石造“朝宗桥”。在镇东，则筑有壮丽的“巩华城”。该城原为嘉靖皇帝祭陵时中途休息的行宫，现仅存遗址。

明十三陵是明朝迁都北京后13位皇帝陵墓的皇家陵寝的总称，依次建有长陵（成祖）、献陵（仁宗）、景陵（宣宗）、裕陵（英宗）、茂陵（宪宗）、泰陵（孝宗）、康陵（武宗）、永陵（世宗）、昭陵（穆宗）、定陵（神宗）、庆陵（光宗）、德陵（熹宗）、思陵（思宗），故称十三陵。景区已开放景点有长陵、定陵、昭陵、神路。

明十三陵是中国历代帝王陵寝建筑中保存得比较好的一处。中华人民共和国成立后，政府为了保护这一文物古迹，从解放初期就开始进行维修，并将十三陵作为全国重点文物加以保护。

十三陵是明朝十三个皇帝的陵墓。明朝历经十六帝，为什么叫十三陵呢？这要追述一下明朝的历史。明朝开国皇帝朱元璋，建都于南京，死后葬于南京钟山之阳称“明孝陵”。第二帝朱允炆（建文帝）因其叔父朱棣以“靖难”（为皇帝解除危难之意）为名发兵打到南京，建文帝不知所终。有人说出家当了和尚，总之是下落不明（这在明朝历史上是一个悬案），所以没有陵墓。第七帝朱祁钰，因其兄英宗皇帝被瓦剌所俘，在太后和大臣的旨意下即了帝位。后英宗被放回，在心腹党羽的策划下，搞了一场“夺门之变”，英宗复辟，又坐了皇帝。朱祁钰被害死，英宗不承认他是皇帝，将其在天寿山区域内修建的陵墓也给捣毁了。而以“王”的身份将他葬于北京西郊玉泉山。这样，明朝十六帝有两位葬在别处，一位下落不明，其余十三位都葬在天寿山，所以称“明十三陵”。

十三陵是一个天然具有规格的山区，其山属太行山余脉，西通居庸，北通黄花镇，南向昌平州，不仅是陵寝之屏障，实乃京师之北屏。太行山起泽州，蜿蜒绵亘北走千百里山脉不断，至居庸关，万峰矗立回翔盘曲而东，拔地而起为天寿山。

天寿山崇高正大，雄伟宽弘，主势强力。在远古时期，这里曾经是一片汪洋大海，山上到处可见4亿～6亿年前的石灰岩和白云质石灰岩，地质学家们曾经在这些岩石中，发现过大量的诸如蛇卷螺等海相化石。

明末清初著名学者顾炎武曾写诗描述这里的优胜形势：

“群山自南来，势，若蛟龙翔；东趾踞卢龙，西脊驰太行；后尻坐黄花（指黄花镇），前面临神京；中有万年宅，名曰康家庄；可容百万人，豁然开明堂。”

这一优美的自然景观被封建统治者视为风水宝地。

明十三陵，既是一个统一的整体，各陵又自成一个独立的单位，陵墓规格大同小异。每座陵墓分别建于一座山前。陵与陵之间的距离少至半公里，多至八公里。除思陵偏在西南一隅外，其余均成扇面形分列于长陵左右。在中国传统风水学说的指导下，十三陵从选址到规划设计，都十分注重陵寝建筑与大自然山川、水流和植被的和谐统一，追求形同“天造地设”的完美境界，用以体现“天人合一”的哲学观点。

明十三陵作为中国古代帝陵的杰出代表，展示了中国传统文化的丰富内涵。明十三陵建筑规模庞大、体系完备，陵寝制度独具风格。虽有十三座陵墓之多，但各陵总合成一个完美和谐的整体，突破了唐、宋时期陵寝建筑彼此不讲究统属和整体的格局，发展为一个崭新的陵寝建筑形制，是陵寝规划和建造的最高代表。其建筑风格和形制影响了以后几百年，并对其后清帝陵的修建产生了巨大影响。

明十三陵中最早营建的陵是长陵，那里葬着明朝第三帝成祖朱棣

及其皇后徐氏。

朱棣是明太祖朱元璋第四个儿子，也是除早逝的太子朱标之外最有才干的儿子，深得朱元璋的器重和信赖。朱元璋定都南京以后，知道北京在战略上是很重要的地方，就派了朱棣与大将军徐达一起重兵驻守，洪武三年（1370）封他为燕王。

朱元璋死后，传位于皇太孙朱允炆，年号建文，史称建文帝。朱允炆是一个年轻皇帝，缺少政治经验与耐心。他上台之后，深感分封各地的叔叔们拥兵自重，不将自己放在眼里，对皇权的威胁实在太大。在大臣黄泰、齐子澄的怂恿下，迫不及待地发动了"削藩"计划。一年时间里，他接二连三对几个藩王叔父发动了进攻，或坐死，或夺爵贬为庶民。朱棣深感大难临头，便以"清君侧，靖内难"为名，于建文元年（1399）发动了历史上有名的"靖难之役"。经过三年的艰苦战争，1402年，朱棣兵马攻入南京，从侄儿朱允炆手中夺得宝座，自己当了皇帝，年号永乐，史称明成祖。

朱棣即位后不久，永乐五年（1407），皇后徐氏病故，陵墓的营建自然要提到议事日程上来。按照天子陵墓建于京师一带的惯例，朱棣应将陵墓地点选在南京附近，但他却于次年上半年派遣礼部尚书赵羾远赴北京城郊卜选陵地。原来，这时的朱棣已经有了迁都北京的想法。

据史料记载，"五月己卯，营山陵于昌平县。时仁孝皇后未葬，上命礼部尚书赵羾以明地理者廖均卿等择地，得吉于昌平县东黄土山。车驾临视，遂封其山为"天寿山"，是日遣武安侯郑亨祭告兴工，命武义伯王通董役事。均卿等咸受官赏。"

朱棣为什么要迁都北京？从永乐十四年（1416）六部都察院所上

的一道奏疏中，可以清楚地知道其中有两个原因：一是“山川形胜，足以控四夷，制天下”，二是北京乃“龙兴之地”。

而北京之所以具备了成为一国之都的条件，除上述属于山川地理形势条件以外，还应当归功于两个朝代。一个是隋朝，另一个则是元朝。

隋朝开通了由杭州至北京的京杭大运河，使得南方丰富的物产、粮食等得以通过水路源源不断地运进北京，保证了北京的物资供应。

而元朝的郭守敬，则在元朝初期，通过精确的测量和实施，开通了京密引水渠，完善了北京的水系，充分保障了北京作为一个城市，所需要的水的供应。

朱棣迁都北京，首先是出于政治和军事上的考虑。就政治形势而言，朱棣以武力篡权得帝，可谓得位不正，虽然他为自己找了许多冠冕堂皇的理由，但这种为争夺皇位而骨肉相残的行径毕竟有悖于封建正统思想和伦理道德规范，因而在南京受到了顽强的反对。朱棣虽残酷镇压了反对派，但也感到了极大的尴尬与心理压力。就军事形势而言，北方蒙古贵族的残余势力已经退到漠北，但仍有相当的军事实力，且不时南下骚扰北京边境。为了有效地抗击蒙古骑兵的南侵，保守北部边境的安全，将京城移到“切近边关”的北方，无疑是一个明智而重要的选择。而且北京曾是辽、金、元三朝古都，地理形胜，左环沧海，右拥太行，内跨中原，外控朔漠，可以有效地控制中原地区，也确是建都的佳地。

其次，从“龙兴之地”这一点来看，朱棣之所以迁都北京，还有风水方面的原因。北京风水极佳，早有定评，其中以宋代理学大师朱熹的评论最具权威。他说：“冀都（指北京）正天地间好个大风水！山脉从云中发来，前面黄河环绕，泰山耸左为龙，华山耸右为虎。嵩山为前案，淮南诸山为第二重案，江南五岭诸山为第三重案。古今建都之地，皆莫过于冀都。”也就是说，北京城以西岳华山为白虎砂，东岳泰山为青龙砂，中岳嵩山是前案，淮南、江南及五岭的的连绵群山又是二、三、四、重案。整个华夏大地的名山大川，都只是北京城的重重护卫。成祖以这样的“龙兴之地”为都，可利用其“王气”为自己的称帝找到有利的根据。

朱棣既然已经早就打算迁都北京，其陵墓自然也应建在北京附近。因为这样不仅便于后世嗣帝的瞻谒，便于朝廷对陵寝的管理，还能激励后世子孙为保护祖先神圣的陵寝而誓守王朝江山的坚强决心。

从地理形势来看，十三陵陵区位于燕山山脉西部。其西北方向20公里，便是被人称为北京城“北门锁钥”的居庸关。再往北，便是著名的八达岭长城了。在明代，沿着万里长城，从东到西，一共设立了9个边防重镇，以防备元蒙的入侵，历史上称做“九边”。由此我们不难看出，十三陵确实是一个典型的“边塞陵区”，明成祖的选址意图显而易见。

永乐六年（1408），朱棣派赵羾远赴北京城郊为自己卜选陵地。随赵羾一同前往的，还有著名的赣派风水传人廖均卿。一行人先在北京的西山一带寻览。因为西山的香山、潭柘寺一带是著名的风水宝地，金代皇帝和辽、金、元三代许多达官贵人也都埋葬在这里。但是他们勘查发现，西山地区没有符合形势堪舆的理想之地，不是形具未全，便是规模太小。从地貌形态上讲，潭柘寺一带属第四纪冰川时期冰蚀而成的山间小盆地，地势虽然幽闭，但确实不够开敞。

于是，相度人员将目光北移，在北平的北部山区寻找，终于发现并认定昌平县东北（明时昌平县治在今昌平区旧县）黄土山为建陵的最佳区域。

关于陵址的相度，民间还流传着一些有趣的传说。据说，相度人员最先看中的是口外的屠家营，但因皇帝姓朱，“朱”和“猪”同音，猪要进了屠家定要被宰杀，犯地讳不能用。另一处选在昌平西南的羊山脚下，因后面有村叫“狼口峪”，“猪”旁边有狼则更危险，也不能用。其后也曾选过京西的“燕家台”，可是“燕家”和“晏驾”谐音，也不吉利。燕家台的村民还编起了一首民谣：“晏驾台，晏驾台，王孙公子往下来。一月二月没饭吃，三月四月瘦成柴。六月七月蹬了腿，死了尸骨没人埋。”这首民谣传到了皇宫里，朱棣听了便连连摇头：看来这种地方，咱是去不得的，晦气！

不论民间传说的可信度有多高，可以肯定的是，永乐七年（1409）四月，朱棣驾临昌平，亲自审视黄土山吉壤，对赵、廖等人选定的这片“山峦起伏，形势险要，既背山面水、背风向阳，又可因山设卡、屯兵戍守”的风水宝地非常满意，并将黄土山改名为“天寿山”。

同年五月八日明十三陵陵区的第一座皇陵长陵陵寝正式动工营建。永乐十一年（1413）正月，陵寝的墓室建筑玄宫建成，次月葬皇后徐氏。永乐二十二年（1424）七月，朱棣亲征漠北，病逝榆木川，十二月亦葬入陵中。

从风水形势来看，明十三陵东、北、西三面群峰林立，如同屏障围环护卫，并形成一个向南开口的马蹄形凹地，正好“藏风聚气”。它的靠山为北面的天寿山，其山体来脉悠远，为燕山山脉之分支。东蟒山、西虎峪，成为左右环抱的护砂。南面远处有龙山、虎山分列左右，犄角而立，如天然门户，成为守卫陵园的“青龙”、“白虎”。陵前明堂平坦宽广，陵区内几道水流自西北而向东南，弯弯曲曲穿流而过。整个陵区水绕山环，翠柏成荫，秀美天成，地脉富有“生气”，充分体现了“天人合一”的堪舆形势理念。

天寿山陵区地域宽阔，“吉壤”甚多。之后的明代天子就以长陵为中心，选址营陵。至顺治元年（1644）止，明十三陵的营建历时235年。先后又有十一帝陵墓建在长陵的区域之内，包括仁宗朱高炽的献陵，宣宗朱瞻基的景陵，英宗朱祁镇的裕陵，宪宗朱见深的茂陵，孝宗朱祐樘的泰陵，武宗朱厚照的康陵，世宗朱厚熜的永陵，穆宗朱载垕的昭陵，神宗朱翊钧的定陵，光宗朱常洛的庆陵，熹宗朱由校的德陵。

这种依山建陵的布局也曾受到外国专家的赞赏，如英国著名科学史学家李约瑟说：皇陵在中国建筑形制上一个重大的成就，就是它整个图案的内容也许就是整个建筑部分与风景艺术相结合的最伟大的例子。他评价十三陵是“最大的杰作”。他的体验是“在门楼上可以欣赏到整个山谷的景色，在有机的平面上沉思其庄严的景象，其间所有的建筑，都和风景融汇在一起，一种人民的智慧由建筑师和建筑者的技巧很好地表达出来。”英国城市规划家爱德蒙·培根也高度评价了明十三陵的艺术成就，他认为“建筑上最宏伟的关于‘动’的例子就是明代皇帝的陵墓。”他指出：依山而建的陵墓建筑群的布局“它们的气势是多么壮丽，整个山谷之内的体积都利用来作为纪念死去的君王。”他们形象生动地描绘了明陵建筑与自然景观的有机结合。而这种有机结合，恰恰就是中国古代堪舆理论的精髓。

第八章　孝陵

明朝开国皇帝朱元璋和马皇后的陵寝。

朱元璋（1328年10月21日—1398年6月24日），原名朱重八，出生于元文宗天历元年九月。出身贫寒，原籍为濠州钟离（今安徽凤阳），少年因瘟疫丧失父母。后因生活艰难，不得已投奔皇觉寺，成为一名和尚。

25岁时，适逢天下大乱，各地农民纷纷起义，反抗元朝统治者的压迫。在朋友汤和的召唤下，加入了郭子兴的农民起义军。因战功卓著，深受郭子兴的喜爱，随把养女马氏嫁给他，即后来著名的马皇后，同时改名为朱元璋，字国瑞。

此后，因战功累次升迁，并且赢得了众人对他的支持和爱戴。元至正十六年（1356），众人奉朱元璋为吴国公。元至正二十四年（1364）即吴王位。在基本平定江南，消灭方式成河陈友谅之后，于元至正二十七（1367）十月甲子日，朱元璋拜中书右丞相徐达为征虏大将军、平章常遇春为副将军，率军25万，北进中原。作为一名有远见卓识的政治家，在采取军事行动的同时，通过文告提出了“驱逐胡虏，恢复中华，立纲陈纪，救济斯民”的政治纲领，以此感召北方人民起来反元。

1368年，军事行动已经取得全面胜利，于南京称帝立国，国号为大明，当年为洪武元年。

此后，朱元璋的军队继续向北开进，并于当年攻克元大都，结束

了元朝在中原地区98年的统治，长城以里又一次实现了统一。

在军事行动取得全面胜利之后，朱元璋迅速调整策略，制定了一系列涉及军队、经济、社会稳定等方面的整治措施，使社会在短期内迅速完成了过渡，国家进入了建设时期，他的政权也因此而更加稳固。

洪武三十一年（1398）六月，朱元璋病逝于南京，享年71岁，死后葬入明孝陵。

明孝陵位于南京市东郊紫金山（钟山）南麓独龙阜玩珠峰下，东临中山陵，南望梅花山，是南京地区建筑规模最大的一座帝王陵寝，明朝开国皇帝朱元璋与马皇后即合葬于此。

1368年初，朱元璋在南京刚刚登上帝位不久，朱元璋就开始着手筹建自己的陵墓，首先要做的就是相度陵址。

据明张瀚《松窗梦语·堪舆纪》记载，朱元璋定鼎金陵之后，把皇宫建在钟山南麓，召刘基选定其址并度地置桩。对此马皇后建议："天下由汝自定，营建殿廷何决于刘也！"朱元璋深感有理，连夜把刘基置的桩全都更换了位置。对此，刘基曾有非议，却无可奈何，只是说了一句："如此固好，但后世不免迁都耳。"

在选定国都位置后，朱元璋即开始考虑陵寝位置的选择。他选定的基本方向依然是在钟山附近。他曾经和刘基在钟山踏勘，驻足于一个僧人的坟冢之上。朱元璋询问刘基应当将陵址选在何处?刘基回答说"龙蟠处即龙穴也"。意思是说，他脚下的位置就应当是龙穴，即陵址。并建议朱元璋将脚下僧人的墓移往他处。

明张岱《陶庵梦忆》记载了朱元璋选择明孝陵陵址的故事：“明太祖与刘诚意（诚意伯刘基）、徐中山（中山王徐达）、汤东瓯（东瓯王汤和）定寝穴，各志其处藏袖中，三人合，穴遂定。”这段故事颇具传奇色彩，朱元璋曾亲率刘基和自己同村的开国功臣徐达、汤和遍踏钟山，并规定不得明言商讨，把各自相中的风水宝地写在纸上，藏在衣袖里，结果同时打开一看，英雄所见略同，一致选定钟山主峰之下的独龙阜。这说明，当初陵址的确定是毫无争议的。

据明张瀚《松窗梦语·堪舆纪》记载，朱元璋亲往钟山选择陵址，登山观览，觉得累了，便在一座僧人坟冢上休息。他问同行的刘基：“汝观穴在何处？”刘基答道：“龙蟠处即龙穴也。”朱元璋听了一惊，觉得此处为僧冢，恐怕不便。刘基说：“以礼遣之。”朱元璋说：“普天吾土，何以礼为！”随即命人挖开僧人坟冢，发现其中以两 上下覆之，移开上边的 ，见其中一僧人“面如生，鼻柱下垂至膝，指爪旋绕周身，结跏趺坐于中”。众人惊愕，都不敢继续再挖。朱元璋这才听从刘基的劝告，亲自拜告，遂将其移葬于五里之外。

从以上两段记载来看，刘基在明孝陵陵址的选择中起着关键性的作用。

刘基（1311—1375），字伯温。元武宗至大四年出生于江浙行省温州市文成县南田镇（旧属青田县九都武阳村），12岁中秀才，14岁入府学，刘基十七岁，离开府学，师从处州名士郑复初学周（敦颐）程（程颢、程颐）理学，接受儒家通经致用的教育。元统元年（1333），刘基赴元朝京城大都（今北京）参加会试，一举考中进士。元至正二十年（1360），被朱元璋请至应天（今南京），任谋臣。元至正二十七年（1367），参与制定朱元璋的灭元方略，并得以实现。明洪武三年（1370），为嘉勉其功荣，朱元璋授刘基为弘文馆学士。洪武八年（1375），卒于故里，享年六十五岁。

刘基字伯温，浙江青田人，洪武三年（1370）以功封诚意伯，所以后人也称他为"刘诚意"。不但是一位有"帷幄奇谋"的政治家，还是"博通经史，于书无不窥，尤精象纬之学"的术数大家，在民间有广泛影响。传说他还参与了南京皇城宫殿的择址和营建。

《明史·艺文志》著录其风水著作四种，包括《金弹子》三卷、《一粒粟》一卷、《披肝露胆》一卷、《地理漫兴》三卷。其中后一种又名《堪舆漫兴》，收录于《古今图书集成》。从留存至今的刘基《堪舆漫兴》看，诸条目多讲形法，几乎不述卦理，对九星、八卦、四象等内容都没有记载，可把刘基的堪舆术归于"形法派"一流。朱元璋踏勘陵址，当然少不了精通堪舆之术的刘基。

刘基还著有大量的其他著作。如《郁离子》，后人认为想象诡异，寓意深远，有如《庄子》。《百战奇略》更是兵书宝典（后人对是否伯温所作尚有争议），天文历数方面有《天文秘略》，卜筮方面有《观象玩占》传世，此外还著有历书《玉洞金书》一卷，《注灵棋经》二卷，《解皇极经世稽览图》十八卷。

民间传说他很会占卜，并著有《烧饼歌》，借此向朱元璋暗示大明日后所发生的事，甚至明亡之后数百年的事。不过，由于刘伯温早在洪武八年就已离世，使这些故事和预言的真事性正确性存疑。《烧饼歌》，全文共计1912字，用四十余首隐语歌谣组成，是用隐语写成的"预言"歌谣，据卦撰词，以一定的"象数"规律排列，涉及到

"象、数、理、占"的人化应用，也是前人"观象玩占"的遗著。在民间流传很广，影响极深，难于理解，视为神撰。

后来朱元璋采纳了刘基的建议，将僧人的墓移往灵谷寺，独占了独龙阜这块风水宝地。

其实，朱元璋所移葬的这名僧人也不是寻常之辈，他就是南朝时著名的"神僧"宝志。

宝志于南朝宋元嘉十三年（436）生在建康东阳（今南京市栖霞区东阳镇），俗姓朱。宝志在7岁时随法俭和尚出家，到江东道林寺当修行。

南朝宋太始初年，成年后，显出灵迹，居止无定，饮食无常，常赤足行于街市，拿着一根锡杖，杖头上挂着剪刀与镜子，或者挂着一两片丝布。据说他杖头所挂的刀、尺、拂就是谐音的暗示，预言未来的三个朝代，刀切削整齐，预言齐朝；尺用于丈量，预言梁朝；拂可掸尘，预言陈朝。

宝志所作的谶言多有应验，因而名气越来越大，其流传于后世的，称为"宝公符"，散见于《南史》各传中。

《梁武纪》载，天监中宝志诗云："昔年三十八，今年八十三，四中复有四，城北火酣酣。"梁武帝命人记下。梁武帝萧衍原是齐朝雍州刺史，在得到江州刺史陈伯之支持后，于502年攻入建康，建立了梁朝，这年萧衍三十八岁。萧衍八十三岁时，他舍身当和尚的同泰寺发生火灾，火起之日恰为四月十四日，宝志的谶言得到了应验。

《王僧辨传》载，宝志有谶云："太岁龙，将无理。萧经霜，草应死。余人散，十八子。"当时人都说萧氏当灭，李氏当兴。所以后来李洪雅果然起兵湘州，为王僧辨所败。

《梁书·何敬容传》载，宝志对何敬容说："君后必贵，终是

何败何耳。”后来何敬容做了丞相，担心宝志的话应验，极力抑制姓何的人做官。结果被河东王萧誉所劾下台。应了河（何）败何的话。

齐卫尉胡谐生病，请宝志去看，宝志写了“明屈”二字即去，结果胡谐当天病死，次日载尸还宅。“明屈”者，明日尸出也。齐武帝萧颐对宝志谶言惑众非常忿恨，将他锁押下狱。第二天人们看到他依然游于街市，都很惊讶，齐武帝知道后，亲临大牢勘查，却见他还在狱中，只好将他迎入华林园。宝志和尚的名声当时就传开了，“京土士庶，皆敬事之”。

后来，梁武帝也非常敬重他，还特别传旨规定，宝志可以随意出入皇宫。因此，宝志常常食宿在宫中，与梁武帝讲经论佛。有一次，梁武帝问宝志如何解救地狱中的痛苦，宝志答称“夙生定业，不可顿灭，惟闻钟声，其苦暂息”。于是梁武帝下诏要天下寺院击钟，这就是寺庙里多铸大钟的由来。

天监十三年（514）某日，宝志忽将佛堂中的金刚像搬出，自称“菩萨当去耳”，次日无疾而终。

独龙阜原是六朝开善寺的旧址。此寺始建于南朝梁武帝天监十三年（514），原为纪念宝志法师而建。宝志法师圆寂后，依梁武帝女儿永定公主之意，将法师葬在钟山的独龙阜，修建了开善精舍，并造了一座五层高的宝塔，塔刹镶有琉璃宝珠，甚是辉煌，塔名宝公，又叫玩珠塔。唐朝将开善寺改名为宝公禅院。宋朝大中祥符年间，更名为太平兴国寺。其后又名蒋山寺。洪武九年（1376），朱元璋下令将位于所选陵址之上的这座千年古刹和宝公塔迁至紫霞洞的南面。但是就在新寺快要落成之时，又有堪舆师说新寺址对陵园不利，于是只

能再次搬迁至钟山东麓，并由朱元璋亲自赐名灵谷寺，号称“天下第一丛林”。

关于此事，《陶庵梦忆》记载道：“及开藏，下为梁志公和尚塔，真身不坏，指爪绕身数匝，军士辇之不起。太祖亲礼之，许以金棺银椁、庄田三百六十顷奉香火，舁灵谷寺，塔之。”看来，朱元璋这种挟帝王之势以遂其欲的“霸道”做法，就连死去的有道高僧也感不满。清代乾隆皇帝游灵谷寺时也有诗云：“建陵故迁寺，儒释典俱违。儒固有忠恕，释仍有是非。旧名殊杳杳，新境自依依。暂向匡床坐，那看雨花霏。”

根据史书记载，洪武二年（1369）八月，开平王常遇春病逝，诏葬于钟山之阴（北），之后又有蕲国公康茂才（洪武三年，1370）、海国公吴桢（洪武十二年，1379）、江国公吴良（洪武十四年，1381）相继葬于钟山之北，时间均在明孝陵建造之前。

实际上，洪武元年以后，钟山之阳就未葬入任何王公大臣，可见钟山之阳这块宝地已经被留作皇陵，而钟山之阴则作为开国功臣的陪葬地。也就是说，孝陵陵址早在朱元璋登基之初，便已经确定了下来。

朱元璋和刘基等选择钟山一带作为陵寝所在，完全符合堪舆之理。事实上，钟山素来就有龙脉之说，在历史上一直是金陵地区的地理标志。早在三国时期，有着“龙蟠”之势的钟山就被赋予了堪舆学的内涵。传说诸葛亮远观金陵，赞叹道：“钟阜龙蟠，石城虎踞，此诚帝王之宅也！”由于这个几乎被神话了的历史人物，长期以来围绕着钟山、龙脉、王气的风水说便在官方和民间文化中得到广泛的认同。唐代诗人李白有“钟山龙盘走势来”的名句；张岱则称：“钟山上有云气，浮浮冉冉，红紫间之，人言王气，龙藏蜕焉。”

从风水形势来看，孝陵北靠钟山，钟山有西、中、东三峰，符合“华盖三台，尊极帝座”之说。钟山为龙脉，独龙阜玩珠峰为主山，为玄武象。陵宫东有青龙砂、西有白虎砂，形成龙虎环抱之势。而且东面的山系比西面山系高大，也符合堪舆学中“青龙要高大，白虎不抬头”的说法。正对孝陵陵宫的梅花山如座如屏，正是孝陵的案山；更远处的东山（土山）则为朝山，形成近案远朝之势。孝陵西南方向是前湖，又有钟山浦逶迤南下，构成了灵动的“朱雀翔舞”之象。这样，孝陵就具备了完整的“四灵”格局。此外，陵前三道御河都是呈由左向右流淌的形式，是非常难得的“冠带水”。天造地设的山川形势给其中的陵寝建筑营造了拱卫、环抱、朝揖之势，从而使明孝陵成为古代皇陵堪舆的典范之作。

钟山主山向南一线，风水格局绝佳，在明孝陵之前，古代许多著名的寺观和墓葬都不约而同建于此处，包括东吴大帝孙权陵、梁代名刹开善寺、高僧宝志舍利塔（宝公塔）及梁武帝萧衍墓等。朱元璋选择独龙阜作为陵寝，要独占龙脉王气，就必须迁走原来的古刹陵墓。

明洪武十四年（1381），朱元璋命中军都督府佥事李新主持营建陵寝，陵寝工程于是正式破土动工。工程还没结束的第二年，马皇后去世，先葬入陵寝地宫。因为马皇后谥“孝慈”，陵寝便被命名为“孝陵”（一说取“以孝治天下”之意）。洪武三十一年（1398），朱元璋病逝，启用地宫与马皇后合葬。至明永乐十一年（1413）建成“大明孝陵神功圣德碑”，整个孝陵建成，历时30余年，先后调用军工10万，耗费了大量的人力、物力，规模巨大。当时从朝阳门（今中山门）至孝陵卫再到陵墓西、北所筑的皇墙有45里，护陵驻军有5000多人。

明孝陵依山而建，坐北朝南，其主体建筑可分为前后两部分。前面为神道，自下马坊至棂星门。孝陵神道顺山势弯曲，傍梅花山（旧传东吴大帝孙权葬此）而过。据史籍记载，孝陵占地极广，陵园围墙环绕钟山，长达22.5公里，竟相当于都城南京城垣的三分之二，今面积三十多平方公里的钟山风景区，几乎就是当时整个明孝陵的范围。

明孝陵不仅规模宏大，结构复杂，建筑精美，而且在建筑规划、布局、类型和细部加工上都具有划时代的创新。其陵寝制度在继承唐宋及之前帝陵“依山为陵”制度的同时，废去了过去帝陵所用的方上、灵台、方垣、上下宫制度，新辟了圜丘、方城、明楼、享殿及长方形陵宫等建筑体制。其规制和模式为后来的北京明十三陵、湖北显陵等所沿用，也成为清代帝陵制度的主要基础。因此，明孝陵在中国皇陵发展史上有着特殊的地位，堪称明清皇家第一陵。

至于孝陵对面梅花山上的孙权陵墓，却幸运地避免了被迫强迁的命运。个中原由，据《陶庵梦忆》一书记载，是因为朱元璋尊重孙权也是条好汉，颇有英雄相惜之意，于是嘱咐臣下不要破坏孙权之墓，留下为自己把守门户：“太祖曰：‘孙权亦是好汉子，留他守门。’”甚至在临终之时还明谕“孝陵山川，因其故，勿作改”。但实际上，如前述分析，孙权墓所在的梅花山孙陵岗正是孝陵的案山，为吉壤格局中不可或缺之一环。所以，保留孙权陵墓，除了留下孙权这条好汉给孝陵看门之外，还具有十分重要的堪舆象征意义。

也正是朱元璋的这一决定，造就了明孝陵所特有的神道布局形式——完全依山势地形作迂回曲折的布置，这也是我国历代帝王陵中唯一不是直线的神道。我们今天看到的明孝陵的各组建筑，从山麓拜谒孝陵起点的下马坊，一直到独龙阜的陵园主体建筑，本应为一中轴线，却是因为梅花山横亘其中，使得神道、石人、石兽等建筑，

不得不绕过梅花山，再折向孝陵大门。这种蜿蜒曲折的布局，巧妙地营造出了“北斗七星”的陵墓格局，深刻地体现了“天人合一”、“君权神授”的设计理念。

作为中国明陵之首，明孝陵壮观宏伟，代表了明初建筑和石刻艺术的最高成就，直接影响了明清两代500多年帝王陵寝的形制。依历史进程分布于北京、湖北、辽宁、河北等地的明清帝王陵寝，都是按南京明孝陵的规制和模式营建的。明孝陵也是我国现存古代最大的皇家陵寝之一，至今已有600多年历史。

明孝陵经历了600多年的沧桑，许多建筑物的木结构已不存在，但陵寝的格局仍保留了原恢弘的气派，地下墓宫完好如初。陵区内的主体建筑和石刻，方城、明楼、宝城、宝顶，包括下马坊、大金门、神功圣德碑、神道、石像路石刻等，都是明代建筑遗存，保持了陵墓原有建筑的真实性和空间布局的完整性。

特别是明孝陵的“前朝后寝”和前后三进院落的陵寝制，反映的是礼制，但突出的是皇权和政治。明孝陵是现存建筑规模最大的古代帝王陵墓之一，其陵寝制度既继承了唐宋及之前帝陵“依山为陵”的制度，又通过改方坟为圜丘，开创了陵寝建筑“前方后圆”的基本格局。明孝陵的帝陵建设规制，一直规范着明清两代500余年20多座帝陵的建筑格局，在中国帝陵发展史上有着特殊的地位。所以，明孝陵堪称明清皇家第一陵。这座已有600多年历史的明代皇家陵墓以其墓主显赫、规模宏大、形制独特、背依钟山环境优美而著名于世。是中国现存最大的陵墓之一。

明孝陵的神道石刻是中国帝王陵中唯一不呈直线，而是环绕建有三国时代孙权墓的梅花山形成一个弯曲的形状，形似北斗七星。由卫岗的下马坊至文武方门的神道长达2400米左右。下马坊即孝陵的入口处，是一座二间柱的石牌坊，额枋上刻“诸司官员下马”六个楷书大字，谒陵的文武官员，到此必须下马步行。沿神道依次有：下马坊、禁约碑、大金门、神功圣德碑碑亭、御桥、石像路、石望柱、武将、文臣、棂星门。过棂星门折向东北，便进入陵园的主体部分。这条正对独龙阜的南北轴线上依次有：金水桥、文武方门、孝陵门、孝陵殿、内红门、方城明楼、宝顶等建筑。陵寝建筑都是按中轴线配制，体现了中国传统建筑的风格。

明孝陵地面木结构建筑大多毁于1853年清军与太平军之战，现仅存下马坊、禁约碑、内红门、碑亭中壁、石像路、方城明楼下部等砖石建筑。明孝陵布局宏雄，规制严谨，陵神道开了弯而且长的先例并影响了明清两代。陵园纵深2.62公里，当年围绕的红墙周长22.5公里。

方城的后面是朱元璋及皇后马氏合葬的地宫俗称“宝城”，是一个直径约400米的圆形大土丘。宝城厚实坚固，依山势高低起伏，下砌巨石，上用明砖垒筑，厚约1米；在南边石壁上刻有“此山明太祖之墓”七个大字。初建成时，陵园内亭阁相接；享殿中烟雾缭绕，松涛林海，养长生鹿千头。鹿鸣其间，气势非凡。因屡遭兵火，现仅存神烈山碑，下马牌坊，大金门，四方城及神功圣德碑，神道石兽狮，獬豸，骆驼象，麒麟，马和象六种24只，神道石柱二，文臣武将各四。

墓区的建筑大体分为两组：第一组神道部分，从下马坊起，到孝陵正门；第二组是主体部分，从正门到宝城、明楼、崇丘为止。现存建筑有神烈山碑、禁约碑、下马坊、大金门、四方城及神功圣德碑、孝陵殿、大石桥等。

神道由此向西经外金水桥（今红桥），绕过梅花山再折向北，长约1800米。其中段为石象路，这段路上相向排列着12对石兽，分别是石兽狮，獬豸，骆驼象，麒麟，马和象6种，每种两对，姿态是一对伏，一对立。后面是一对高大的华表，上雕云龙，气势不凡。折向北面的神道上分别列着4对身着盔甲或蟒袍的文臣武将，可惜有些已经损坏。石人石兽的体型都很巨大，是明代石刻的艺术珍品。

明孝陵的朱红大门坐北朝南，正对梅花山，门额上书“明孝陵”三字。门外东侧立有一个石刻告示，系清宣统年间两江洋务总局道台、江宁知府以六国文字刻着“治隆唐宋”四个金字，是清康熙帝亲笔题书。碑亭后原建有两御亭，西边叫宰牲亭，东边的称具服殿，今均已毁坏，仅存一些石柱和石井栏等。在原享殿的位置上尚可见到64个石柱的基础，由此可以想象当年享殿的规模是很大的。现在享殿为清同治十二年（1873）复建，比原来的要小得多，内供奉朱元璋画像。

享殿后是一片纵深100余米、宽数十米的空地，是当年露天祭祀的场所，中间有甬道，两边林木茂盛。甬道尽头有石桥，称大石桥，又称升仙桥，意思是过了此桥即为“仙界”。桥北是一座宽75米、高16米、进深31米的城堡式建筑，称方城。方城以大条石砌成，正中开拱门式斜隧道，有台阶可步入，计54级。出隧道东西各有石级可登城顶。

城顶原建有宫殿式建筑明楼，明楼顶部及木质结构已毁，现仅存四面砖墙，南面有拱门3个，另三面各有拱门一道。在方城顶上极目远眺，东面有中山陵，南面是梅花山，西面有中山植物园，北面是“宝顶”，四周树木葱茏，松涛阵阵，不禁令游人发思古之幽情。宝顶是一个直径约400米的圆形大土丘，即朱元璋和马皇后合葬的地宫，它的四周有条石砌成的石壁，其南边石壁上刻有“此山明太祖之墓”七个大字。梅花山因三国时东吴君主孙权及其夫人葬此，古称孙陵岗，位于明孝陵正南300米。

明孝陵处于山清水秀的环境之中，周围山势跌宕起伏，山环水绕，人文与自然景观浑然天成。陵园规模宏大，格局严谨。孝陵建筑自下马坊至宝城，纵深2.62公里，陵寝主体建筑当年建有红墙围绕，周长2.25公里。现存遗址可分为两大部分。

第一部分：蜿蜒曲折的陵墓神道。自下马坊至孝陵正门（文武方门），包括下马坊、神烈山碑、大金门、神功圣德碑及碑亭（俗称四方城）、神道石刻和御河桥。

下马坊、神烈山碑：下马坊，是一座二间柱的石牌坊，面阔4.94米、高7.85米，坊额上刻“诸司官员下马”6个楷书字，告示进入明孝陵的官员必须下马步行，以示对开国皇帝朱元璋的尊敬。神烈山碑，在下马坊东边36米处，是明嘉靖十年（1531）立，正面阴文双钩浅刻“神烈山”3字，原有碑亭，现已不存在，仅存四角石柱础。神烈山碑是明嘉靖十年改钟山为神烈山时而立。再向东17米处有一块卧碑，为“禁约碑”，是明崇祯十四年（1641）立，碑文刻禁止损坏孝陵及谒陵的有关9条禁约。

大金门、神功圣德碑及碑亭：大金门，在下马坊西北750余米处，是孝陵的第一道正南大门。大金门原为黄色琉璃瓦重檐式建筑，现存砖石砌筑的墙壁，下部为石造须弥座，面阔26.66米，进深8.09米，墙壁辟有3个券门洞，中门较高为5.05米，左右两门高4.25米。

神功圣德碑及碑亭，在大金门正北70米处，是明成祖朱棣于永乐十一年（1413）为朱元璋撰述的歌功颂德碑及碑亭。神功圣德碑亭建于明永乐十一年（1413），建筑平面为正方形，故俗称“四方城”，内置明成祖朱棣为其父朱元璋所立的“大明孝陵神功圣德碑”，楼顶已毁。原碑亭为砖石砌筑，平面呈正方形，亭子的结构顶部已荡然无存，现仅存四壁，每壁各有一个宽5米的拱形门洞，外观如一个城堡，故俗称“四方城”。

神道石刻：四方城向西北行约100米过御河便进入神道。明孝陵神道的最大特点在于建筑与地形地势的完美结合。其不同于历代帝陵神道成直线形，而是完全依地形山势建造为蜿蜒曲折的布局。而且在每一段落的节点处安放石像生来控制空间，形成一派肃穆气氛。石像生下铺垫有完整的六朝砖，使其600年来没有下沉。神道由东向西北延伸，两旁依次排列着狮子、獬豸、骆驼、象、麒麟、马6种石兽，每种2对，共12对24件，每种两跪两立，夹道迎侍。这些石兽体现了皇家陵寝的礼仪要求，各有寓意：狮为百兽之王，显示帝王的威严，它既是皇权的象征，又起到镇魔辟邪的作用；獬豸是一种神兽，独角、狮身、青毛，秉性忠直，明辨是非，它能用角抵触有罪的人；骆驼是沙漠与热带的象征，它表示大明疆域辽阔，皇帝威镇四方；大象是兽中巨物，它四腿粗壮有力，坚如磐石，表示国家江山的稳固；麒麟是传说中的“四灵”即麟、龟、龙、凤之首，它是披鳞甲、不履生草、不食生物的仁兽，雄的叫麒，雌的叫麟，象征“仁义之君”和吉祥、光明；马，在古代是帝王南征北战、统一江山的重要坐骑。明孝陵神道的6种石兽中，以象为最大，重达80吨，当时为了将这些石兽运抵明孝陵，冬季时，在路面上洒水结成冰，再用粗大的竹、木作滚轴，一路上用人力推滚的办法来完成运输任务。这段神道现俗称为石像路，全长615米。石兽的尽头，神道折向正北，至棂星门，长250米。这段神道置石望柱和石人，2根望柱呈六棱柱形，高6.6米，其上雕刻云龙纹。通常望柱均置于神道的最前面，而明孝陵的望柱则置于神道中间，这也是朱元璋的独特之处。石望柱之后是东西相对而立的翁仲，有武将、文臣各2对，共8尊，高各为3.18米。

棂星门、御河桥：神道向北18米的尽头为棂星门，门已不存，仅存石柱础6个。从遗迹看，棂星门应是三开间的建筑。过棂星门折向东北275米，即到御河桥，也称金水桥。御河桥为石砌桥，原为5孔，现存3孔，桥基和河两边驳岸的石构件均是明代原物。通过御河桥向北，顺缓坡而上，便是陵寝的主体建筑。

第二部分：明孝陵寝主体建筑。自正门至崇丘，包括文武方门（即正门）、碑殿、享殿、大石桥、方城、明楼、宝顶等，筑有围墙。

文武方门：文武方门是孝陵的正门，原为5个门洞，3大2小，中间3个为拱形门洞，两边2个为长方形门洞。庑殿顶上盖黄色琉璃瓦。清朝同治年间改建为一个门洞，上嵌清石门额，阴刻楷书“明孝陵”3字。1999年重新进行修复，恢复了明代时大门的原貌。现为五门，黄瓦、朱门、红墙，正门上方悬挂长方形门额，竖书“文武方门”4个鎏金大字。正门东侧立有一块“特别告示”碑，此碑是清宣统元年（1909）所立，警示保护孝陵的注意事项。

碑殿：碑殿原为孝陵享殿前的中门，即孝陵门，原为5个门洞，后被毁。现在的碑殿是清朝时改建的，是一歇山顶，三开间，红墙小瓦建筑，南北正中各开一门，亭内立有5块碑刻。根据《中山陵史话》等书籍记载，这里曾有明孝陵的一道中门，但毁于战火，清代在中门的基础上改建碑殿，并竖立了五座高大的石碑。正中有一块大石碑，下有驮碑龟趺。其驮碑龟趺与众不同，脖子出奇地短。清朝康熙皇帝一生中六次南巡，五次拜谒明孝陵。石碑上书「治隆唐宋」四个鎏金大字，碑高3.85米，宽1.42米，厚度0.38米。「治隆唐宋」的意思是颂扬明太祖治国方略超过了唐太宗李世民和宋太祖赵匡胤。这是清康熙皇帝1699年第三次下江南谒陵时御题。这是因清朝刚统治中国，康熙执政初，汉人不服满人统治，在这样的历史背景下，康熙深知，光靠高压政策是不行的，还须依靠汉人。所以，康熙在6次南巡中，5次拜谒明孝陵。此碑由曹雪芹的祖父、当时的“江宁织造”郎中曹寅刻立。在“治隆唐宋”碑左右还有清朝乾隆皇帝诗碑各一块，东西有卧碑两块，东边一块刻载康熙帝第一次谒陵纪事，西边一块刻记康熙帝第三次谒陵情形。

享殿：碑殿之后是孝陵的主要建筑孝陵殿，即享殿。原孝陵殿已毁，尚存3层须弥座台基，通高3.03米，台基上有大型柱础56个。台基四角有石雕螭首，大殿前后各有3道踏垛，尚存6块浮雕云龙山水大陛石。大殿基长57.30米、宽26.6米，可见当时该建筑之宏大。原殿中供奉朱元璋及马皇后神位。现存建筑是清朝同治年间两次重建的三小间享殿。现殿内是“明孝陵史料陈列室”。殿后100余米处是大石桥，又称升仙桥。过了大石桥就到了孝陵地面建筑的最后部分方城、明楼、宝顶。

方城、明楼、宝顶：方城是孝陵宝顶前面的一座巨大建筑，外部用大条石建成，东西长75.26米，南北宽30.94米、前高16.25米、

后高8.13米，底部为须弥座。方城正中为一拱门，中通圆拱形隧道。由54级台阶而上出隧道，迎面便是宝顶南墙，用13层条石砌筑。正中横刻“此山明太祖之墓”，显然为后人所制。沿方城左右两侧步道即可登上明楼。明楼在方城之上，原为重檐黄瓦大屋顶建筑，屋顶早已毁，仅存四壁砖墙，东西长39.45米，南北宽18.47米，南面开3个拱门，其余三面各开1个拱门。方城明楼以北为直径400米左右的崇丘即是宝顶，也称宝城，为朱元璋和马皇后的寝宫所在地。宝顶近似圆形，原名独龙阜玩珠峰，周围砌有砖墙。1998年至1999年，南京市文物局等有关部门采用先进的精密磁测，证实朱元璋墓的地宫就在这下面，埋葬深厚，保存完好，从没有被盗过。

明孝陵从起点下马坊至地宫所在地的宝顶，纵深达2600多米，沿途分布着30多处不同风格、用途各异的建筑物和石雕艺术品，整体布局宏大有序，单体建筑厚重雄伟，细部装饰工艺精湛，凝聚了当时政治家、艺术家和建筑师们的才智。

南京地区雨量充沛，钟山主峰的雨水主要经独龙阜孝陵陵宫区域排泄，明孝陵必须建有完善的排水系统，才能确保陵宫的安全。因此，孝陵陵区内设有外御河、内御河和宝城御河三条排水系统。

这三条御河在规划和设计上可谓独具匠心，它将陵域划分成导引区、神道区、前朝区和后寝区，同时通过三组御河桥，将这四个区连成一个和谐的整体并且使整个陵域更为完美，更富有生机。御河桥中的第一组介于碑亭和神道石刻之间，为砖构单曲拱桥，霹雳之水由桥下西流，御桥旧址犹存，桥非原貌，今称“虹桥”。第二组桥位于神道尽头，是直通陵宫的桥梁，一字排列5座，又称“五龙桥”。它与陵宫处于同一南北中轴线上，桥身作石构单曲拱桥样式，5座石桥与正北方200米处的5孔陵宫门一一对应。

多年来，考古学家对明孝陵地面建筑附近几经勘测，一直没有得到任何关于地宫的信息。朱元璋的地宫真的在明孝陵中吗？

为了找到朱元璋的地宫，考古学家做出了多年的努力，组织了很多次大型探测活动。最初，考古学家认为地宫最有可能位于明孝陵明楼的周围，就以明楼为中心进行网状勘测，他们认为历代帝王陵墓中墓道、神道、寝宫大体都在一条直线上。但是，探测结果显示，这一带的地下并没有地下宫殿建筑。随后，专家又对中轴线东面进行勘测，但也没有发现任何有关地宫建筑物的信息。但是，探测中发现了一个奇怪的现象，引起了考古工作者的关注。在实地探测中出现了强烈的向东南方向延伸的磁导信号。东南方面怎会有如此强烈的反应？会不会就是地宫的所在地呢？考古学家随后在明孝陵的东南方向考查。

最终的探测结果印证了考古学家的猜测，那里的地下确实就是地宫所在。就这样，明朝的第一位皇帝朱元璋的地宫终于被发现了。

朱元璋的地宫就位于紫金山南麓玩珠峰地下的几十米深处。探测结果显示，地宫保存得相当完好，没有出现塌方的痕迹，也没有出现被盗的痕迹。尽管探测结果显示虽然地宫没有出现被盗掘的痕迹，但并不能证明地宫就一定没有被盗过。要知道，古代盗墓贼的盗墓手段可是十分高明的，甚至超出了我们现代人的水平！即使我们利用现代科学技术也不见得就能超过古代盗墓贼的水平。

明孝陵地宫究竟有没有被盗掘过，这个答案只有等到地宫正式被发掘的那一天才能够确定，现在所做出的一切看似合理的结论都只不过是在猜测而已。

地宫的发现确定了明太祖朱元璋就被葬在明孝陵。考古工作者依据探测数据，首次判明了朱元璋地宫的基本形制和墓葬规模。

整个地宫的建筑规模十分大，构造也极为复杂。在地宫附近还发现了一处地宫的附属建筑——地宫配殿。这座配殿整体呈坐东朝西

状，有70多米长，10多米宽，仅残留的遗址占地面积就接近于两个篮球场那么大！配殿的中间有石质门道，四周是砖质的散水和道路。从残存的基址上我们可以想象得到配殿当年的气势有多么宏伟。

考古工作者虽然确定了地宫的确切位置，但是，却并没有发现墓道的入口所在。朱元璋地宫的入口，从朱元璋下葬后墓道口被封闭并被隐藏起来的那一刻起，就成为盗墓贼千百年来一直寻找的对象。七八百年过去了，人们始终没有找到墓道入口的位置。于是便传闻四起：有人认为墓道口在当年明朝的京城南京皇宫的地下；有人认为在当年朱元璋下葬之后就已经被封死了，参与地宫的修建的人都被杀人灭口，于是墓道口就成为了一个永远的秘密；还有人说清朝的太平天国运动期间，由于太平军与清军用炸药、大炮等进行激战，墓道口被炸毁了……

传闻并不可靠，考古学家的探测结果是什么呢？多年来，考古学家在对明楼中轴线的北部区域内进行勘察时，没有发现通畅、连续的通道，这就证明中轴线北部这个区域内并没有墓道。但是，他们却在中轴线的东面发现了一些呈现线状的异常地磁现象。经过分析，他们认为墓道口在孝陵城墙下的可能比较大。

为了进一步确定那些线状的性质，考古学家使用了先进的考古仪器进行了进一步探测。探测结果显示，这种线状异常呈现出较为明显的隧道建筑的特征，而且是连续的，总长度达到了120多米；宽度在5～6米之间。种种迹象显示，这种线状异常就是通向地宫的墓道！

仅地宫的墓道就有120多米长，这在国内已经探明的历代帝王陵墓地宫中都是很罕见的。此外，考古学家还在墓道的探测结果中发现了含有砖质材料的特征，表明这种线状结构确实是人工建造的墓道。同时，这次勘测中还发现了墓道的一个出口可能就位于明楼东面的宝城城墙下面。这处墓道口显示出了两处明显的破裂的裂口以及下沉错位现象，这些现象都可以看做是墓道口的明显特征之一。

探测结果还显示，明孝陵的这条地宫墓道蜿蜒曲折，并不十分通畅。这就奇怪了，一代帝王的墓道怎么会不通畅呢？这是什么为什么呢？

能否这样解释，发现的这条墓道并不是地宫设计时的墓道，而是修建地宫时经过改建的墓道！可能当时在施工中出现了一些特殊的原因，致使墓道的修建遇到了极大的困难。为了解决和克服“难题”，修建者只好对墓道的走向进行了修改，致使墓道出现了蜿蜒曲折的“不合理”现象。

那么，是什么无法克服的困难使修建者不得不改变已经设定好的墓道路线呢？整个墓道出现了两种岩石结构可以解开这个谜。明楼西侧的墓道是用形成于侏罗纪中晚期的砾岩修建的，而东侧用的却是侏罗纪中晚期之后形成的石英砂岩。这两种岩石的质地相差很大，砾石岩层要比石英岩岩层硬度大很多。由此推断，当时，建筑者开始是从地质情况较好的石英岩一侧开始修建墓道的，修建的过程中遇到大麻烦——挖不动了！以当时的工程机械水平，开挖硬度较大的砾石岩层，几乎是一个不可能完成的任务。于是，只好改变原定的墓道路线……这样，墓道便出现了蜿蜒曲折的“不合理”现象。

第九章
明十三陵园区的堪舆建筑特点

神路是明十三陵的第一个景点，由石牌坊，大红门，碑楼，石像生，龙凤门等组成。这种皇家陵区的建筑格局，成为明清两代皇家陵区的基本模式。

石牌坊为陵区前的第一座建筑物，建于嘉靖十九年（1540）。牌坊结构为五楹、六柱、十一楼，全部用汉白玉雕砌，在额枋和柱石的上下，刻有龙、云图纹及麒麟、狮子等浮雕。这些图纹上原来曾饰有各色彩漆，因年代久远，现已剥蚀净尽。整个牌坊结构恢宏，雕刻精美，反映了明代石质建筑工艺的卓越水平。

过了石牌坊，即可看到在神道左、右有两座小山。东为龙山（也叫蟒山），形如一条奔越腾挪的苍龙，连绵起伏，与后方的笔架山连成一体；西为虎山（俗称虎峪），状似一只伏地警觉的猛虎。三山环抱，正符合“藏风聚气”的要求。中国古代堪舆理论中“四象”之“左青龙，右白虎”，不仅仅是一种祥瑞之兆的传说，“龙”、“虎”分列左右，威严地守卫着十三陵的大门。

大红门是进入陵区的第一道大门，坐落于陵区的正南面，门分三洞，又名大宫门，为陵园的正门。以这个门为界，隔离了世俗世界和往生世界。事实上，没有经过陵区护卫的允许，任何人都无法随意通过这个大门进出。在明代，除非有重大的祭祀活动或者是灵柩下葬，这个门永远是紧紧关闭的。

大门两旁原各竖一通石碑，上刻“官员人等至此下马”字样。凡是前来祭陵的人，都必须从此步入陵园，以显示皇陵的无上尊严。大门两侧原设有两个角门，并连接着长达80华里的红色围墙。在蜿蜒连绵的围墙中，另设有一座小红门和十个出入口，均派有重兵驻守，是百姓不可接近的禁地。经过岁月的磨蚀，现在这些围墙都早已坍塌，有些残迹尚依稀可辨。

大红门后的大道，叫神道。起于石牌坊，穿过大红门，一直通向长陵，原为长陵而筑，但后来便成了全陵区的主陵道了。是需要下葬的棺椁进入陵区的必经之路。陵区内掩埋的所有的棺椁都是经过这里进入地宫的。正因为如此，这条道也被称为陵道。

该道纵贯陵园南北，全长7公里，沿线的一系列建筑物，在皇家祭祀活动中各自承担着相应的功能。

再向前去就是碑亭。碑亭位于神道中央，是一座歇山重檐、四出翘角的高大方形亭楼，为长陵所建。亭内竖有龙首龟趺石碑一块。为正统初年（1436—1438）所立。该碑亭为红墙黄瓦，重檐歇山式建筑。石碑作螭首龟趺形制，通高7.91米，青白石雕成，篆额“大明长陵神功圣德碑”，碑阳刻是洪熙元年四月十七日（1425）仁宗朱高炽为其父明成祖朱棣撰写的碑文。碑文竖排，共42列，计3236字。碑文采用散文、四言诗歌形式对成祖及徐皇后一生的功德作了精辟的阐述。上题“大明长陵神功圣德碑”字样，碑文长达3500多字，由明初著名书法家程南云所书。宣德十年（1435）才刻成的。

这种通过树碑、祭典神主的方式，在明十三陵中只有这样一例，其他陵寝前虽设有碑石，却没有碑文。相反，这种做法，清朝采用较多，只是在一些极其特殊的情况下，由于某种原因，才会有缺失。例如，清道光皇帝，临死之前，自认为丧权辱国，无法面对列祖列宗和后人，遗诏明确表示不立神功圣德碑。

在碑阴面还刻有清代乾隆皇帝写的《哀明陵十三韵》。碑文详细记录了长、永、定、思诸陵的残破情况。碑东侧是清廷修明陵的花费记录。西侧是嘉庆帝论述明代灭亡的原因。令人感到十分滑稽的是，正是从嘉庆皇帝开始，大清帝国走向了衰败和灭亡的道路。

碑亭四隅立有4根白石华表，其顶部均蹲有一只异兽，名为望天吼。华表和碑亭相互映衬，显得十分庄重浑厚。在碑亭东侧，原建有行宫，为帝后前来祀陵时的更衣处，现已无存。

石雕群是陵前放置的石雕人、兽，古称石像生（石人又称翁仲）。从碑亭北的两根六角形的石柱起，至龙凤门止的千米神道两旁，整齐地排列着24只石兽和12个石人，造型生动，雕刻精细，深为游人所喜爱。其数量之多，形体之大，雕琢之精，保存之好，是古代陵园中罕见的。石兽共分6种，每种4只，均呈两立两跪状。将它们陈列于此，赋有一定含义。例如，雄狮威武，而且

善战；獬豸为传说中的神兽，善辨忠奸，惯用头上的独角去顶触邪恶之人。狮子和獬豸均是象征守陵的卫士。麒麟，为传说中的“仁兽”，表示吉祥之意。骆驼和大象，忠实善良，并能负重远行。骏马善于奔跑，可为坐骑。石人分勋臣、文臣和武臣，各4尊，为皇帝生前的近身侍臣，均为拱手执笏的立像，威武而虔诚。

在皇陵中设置这种石像生，早在两千多年前的秦汉时期就有了。主要起装饰点缀作用，以象征皇帝生前的仪威，表示皇帝死后在阴间也拥有文武百官及各种牲畜可供驱使，仍可主宰一切。

棂星门又叫龙凤门。由四根石柱构成三个门洞，门柱类似华表，柱上有云板、异兽。在三个门额枋上的中央部分，还分别饰有一颗石雕火珠，因而该门又称“火焰牌坊”。龙凤门西北侧，原建有行宫，是帝后祭陵时的歇息之处。

第十章　长陵

明成祖朱棣的陵寝。

明成祖朱棣（1360－1424），明朝第三任皇帝。明太祖朱元璋第四子，元至正二十年（1360）四月十七日（5月2日），朱棣出生于应天府（今南京）。

应天，是顺应天命的意思。4年前（1356），朱元璋渡江攻下集庆（南京），就将集庆改名为应天。

洪武十三年（1380）春天，朱棣从凤阳回到南京，受命就藩北平。在此之前，朱元璋将徐达之长女嫁与朱棣，于洪武九年（1376）

被册封为燕王妃，后来成了朱棣夺天下、治天下的得力内助。

明太祖朱元璋驾崩之后，1399年皇孙朱允炆即位。长期掌握兵权的燕王朱棣因削藩问题和其产生了巨大的矛盾，最后导致兵戎相见。这就是史上有名的靖难之变。

这场政变的结果，是政治经验十分丰富的朱棣最终赢得了胜利。

建文帝四年（1402），朱棣率军攻下南京，继承皇位。第二年改元永乐。

永乐皇帝在稳固政权的过程中，采取了一系列的措施，取得了明显的效果。

除了政治上的作为以外，永乐皇帝在位期间，发生了一件十分重大的事件，史称为永乐迁都。

朱棣即位后，即开始准备迁都。永乐元年（1403），诏以北平为北京，改北平府为顺天府。永乐四年（1406），北京方面的臣僚开始奉旨征调工匠、民夫上百万人，正式营建北京宫殿。今天看到的故宫、天坛、太庙（劳动人民文化宫）等规模宏大的建筑，就是自此开始陆续建造的。九年（1411），命工部尚书宋礼等修通会河。十三年五月（1415），平江伯陈瑄等开凿淮安附近之清江浦，使久废的运河重新畅通；十八年九月（1420），诏自明年改京师为南京，北京为京师。十二月，北京郊庙宫殿成。十九年正月（1421），朱棣在北京御

奉天殿，朝百官，大祀南郊。迁都大政至此基本完成。此后至明亡，北京一直是明朝的京师。

永乐皇帝在位之时，最为值得一提的事情就是，永乐元年（1403）命解缙等人编纂历代典，籍“凡书契以来经史子集百家之书，至于天文、地志、阴阳、医卜、技艺之言，各辑为一书，毋厌浩繁。”动用文人儒臣3000余人，辑古今图书8000余种，谓“纂集四库之书，及购天下遗籍，上自古初，迄于当世”。于永乐六年（1408）编成定名为《永乐大典》。这是我国古代编纂的一部大型类书，是中华民族珍贵的文化遗产。全书正文22877卷，目录60卷，装成11095册，总字数约3.7亿字。书中保存了我国上自先秦，宋元以后的佚文秘典，下迄明初的各种典籍资料达8000余种，是中国古代最大的百科全书。

该书最初藏于“文渊阁”中，迁都之后，南京之书，大量北运，把《永乐大典》运至北京后，专贮于“文楼”。对保存古代文化典籍，有重要贡献。

永乐五年，皇后徐氏（开国名将徐达之女）死去，朱棣经过慎重考虑，没有在南京建陵安葬，而是派礼部尚书及“江西派”风水大师廖均卿等人去北京寻找“吉壤”，也就是通常说的风水宝地。

廖均卿（1350—1413），字兆保，号玉峰，兴国梅窖乡三僚村人。他的先祖廖三传是唐朝著名风水大师杨救贫的传人，

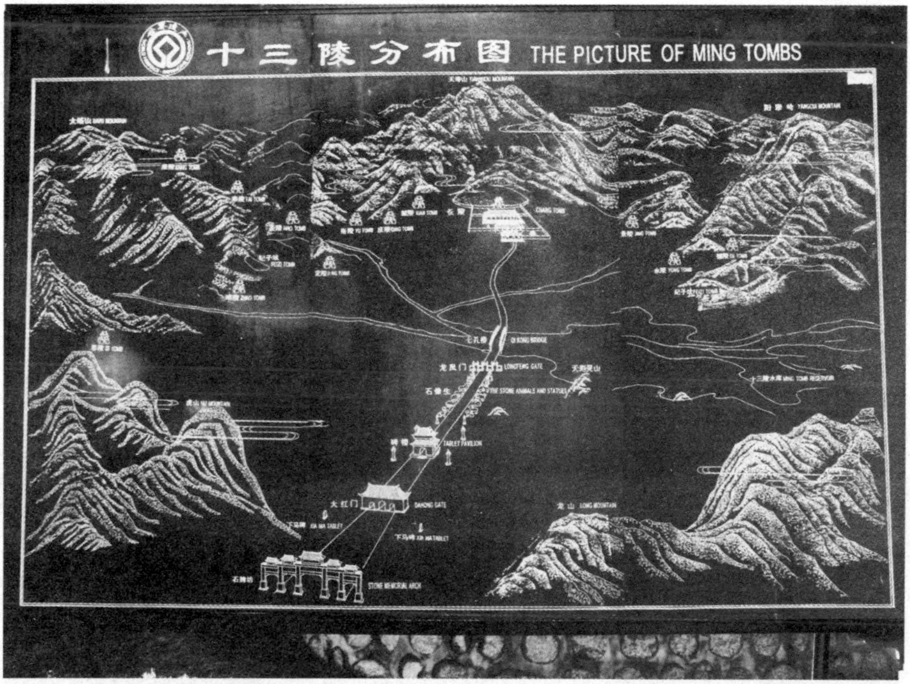

永乐五年，由礼部尚书赵引廖均卿入京选择陵址。廖均卿被召传南京后，先察看了在南京的孝陵风水之后，便到北京找风水宝地，察看了京西燕台驿、玉泉山、潭柘寺、香山，又察看了京北的阳山茶湖岭和怀柔的洪罗山、百叶山，先后又察看了辛家庄、斧口、谷山、文家庄、石门驿、汤泉、禅峰寺，遍鉴了京郊之后，于永乐五年六月初一前往昌平黄土山（即后来的天寿山十三陵所在地）登高纵目，见该处风水绝妙，为他处所不及，便绘成地图，于八月初一日到南京上朝，献上地图，并建议明成祖亲临黄土山观察，希望明成祖“高张慧目，广迈皇风”，并说，如将皇陵定于此处，则“玉烛清明，并三辰而永耀；金符浩荡，亘万古以长存：国祚无疆，邦家有庆”。

明成祖朱棣随后与有关风水师一同前往北京昌平黄土山定穴位。明成祖朱棣最后钦定廖均卿所点穴位，当时赏赐了廖均卿金剑一把、

银锄一张，让他去点穴，随及开挖了金井（就是埋棺材的穴位）。

同时，明成祖下令将黄土山改名为天寿山。

死后原庙号为“太宗”，百多年后由明世宗朱厚熜改为“成祖”，明成祖的统治时期被称为“永乐盛世”。

明长陵是永乐皇帝建北京皇宫（故宫）的第三年（1409）自建的“寿宫”。陵园规模宏大，用料严格考究，施工精细，工程浩繁，营建时日旷久，仅地下宫殿就历时四年。规模大，等级高。

长陵的陵宫建筑是十三陵中保存最多也是最好的。其朝向南偏西9度，现存建筑有宝城、明楼、石五供、两柱牌楼门、祾恩殿、祾恩门、碑亭以及三进院落的宫墙和因墙而设的陵门、角门等。地宫未发掘，同时没有被盗墓记录。

长陵的陵宫建筑，占地约12万平方米。长陵陵园平面布局为“前方后圆”形制。其“前方”是三进深院落。

第一进深院落大门为陵门，前设陵门一座。其制为单檐歇山顶的宫门式建筑，面阔显五间，门内明朝时东建有神厨，西建有神库，神厨前有碑亭一座，神厨、神库均毁于清朝中期，碑亭尚存；檐下额枋、飞子、檐椽及单昂三踩式斗拱均系琉璃构件；其下辟有三个红券门。陵门之前建有月台，左右建有随墙式角门（已拆除并封塞）。院内，明朝时建有神厨（居左）、神库（居右）各五间，神厨之前建有碑亭一座。神厨、神库均毁于清代中期，碑亭则保存至今。

第二进深院落大门为祾恩门，据《太常续考》等文献记载，天寿山诸陵陵殿名为“祾恩殿”，殿门名之为“祾恩门”，始于嘉靖十七年（1538），是世宗朱厚熜亲易佳名。其中，“祾”字取“祭而受

福”之意，“恩”字取“罔极之恩”意，门内即祾恩殿，面阔九间进深五间，重檐庑殿顶。祾恩殿是供奉帝后神位和举行祭祀活动的场所。明朝从孝陵以后，陵寝祭殿有享殿、陵殿、献殿、寝殿、香殿等不同称呼。殿内日常陈设有神榻（灵座、龛帐）、帝后神牌、册宝、衣冠、御座、香案，以及各种乐器。朝廷遣官致祭时，殿内再增置陈设祭品用的正案、从案、三牲案匣等。这些陈设说明，明朝陵殿具有供上陵朝拜举行大规模祭献活动，和平时司香火、四时供献、朔望朝陵等日常祭祀的双重功能。它兼有西汉陵寝寝殿、便殿或唐宋陵寝上下二宫祭祀用殿的功用。

长陵的这座祾恩殿，是明代帝陵中唯一保存至今的陵殿，堪称是我国古代木构建筑中的珍贵遗物，其珍贵之处主要表现在如下三方面：

一是规模大，等级高。此殿制仿明代皇宫金銮殿（明代又称奉天殿、皇极殿）修建，面阔9间（66.56米），进深5间（29.12米），柱网总面积达1938平方米，是国内罕见的大型殿宇之一。殿顶为古建中等级最高的重檐庑殿式，覆以黄色琉璃瓦饰。正脊至台基地面高25.1米。上檐饰重翘重昂九踩斗拱，下檐饰单翘重昂七踩鎏金斗拱。六排柱前后廊式的柱网排列方式规整大方。殿内"金砖"铺地，殿下有3层汉白玉石栏杆围绕的须弥座式台基和一层小台基，总高3.215米。台基前出三层月台。每层月台前各设三出踏跺，古称"三出陛"。其中，中间一出踏跺的御路石雕由上、中、下三块组成：最下面的一块与祾恩门图案相同，上面的两块分别雕刻二龙戏珠图案。台基上三层汉白玉石栏杆形制也与祾恩门相同。此外，月台两侧还设有祭陵时供

执事人员上下的旁出踏跺。台基之后也设有三出踏跺，其形制同月台前踏跺。

祾恩门两侧还各有掖门一座，均作随墙式琉璃花门，门上的斗拱、额枋，门顶的瓦饰、椽飞均为黄绿琉璃件组装，在红墙的映衬下格外分明。

二是用材考究，此殿梁、柱、枋、檩、鎏金斗拱等大小木构件，均为名贵的优质楠木加工而成。各构件在殿内部分（除天花外）无油漆彩画，显得质朴无华。支撑殿宇的60根楠木大柱，用材粗壮，是世上不可多得的奇材佳木。特别是林立殿内的32根重檐金柱，高12.58米，底径均在一米上下。其中，明间中间的4根金柱最为粗壮。左一缝前金柱底径达1.124米，两人合抱，不能交手。

文献记载，天寿山各陵及北京宫殿所用楠木，采自四川、湖广一带的深山密林之中。那里人迹不到，“毒蛇鸷兽出人山中，蜘蛛大如车轮，垂丝如幻絙，罥虎豹食之。采者以天子之命，谕祭山神，纵火焚林，然后敢入”。伐倒的楠木，也往往是“一木初卧，千夫难移”，明万历年间，四川一带有“入山一千（人），出山五百（人）”的谚语。

清孙承泽《春明梦余录》卷四十六记明代运图，自蜀运木有“山川险恶”、“跋踄艰危”、“蛇虎纵横”、“采运困顿”、

“飞桥度险”、“悬木吊崖”、“天车越涧”、“巨浸飘流”等描述。而结筏水运时，每筏运木604根要用竹4405根，此外，还配有运夫四十人。这还只是说的水路运输，至于陆路运输，艰难程度，亦不自言。据说，陆路运输常在冬天，前方泼水结冰，用圆木置于地面，大木放上，众人前牵后推，方能成行。自蜀至京，不下万里，其运送周期通常都在三年左右。由此可知，明朝时采伐楠木确实十分艰难。而一木至京，费银竟达万两。

这种现象一直持续到清朝，当年雍亲王登基之后，将自己做亲王时的雍亲王府改建成雍和宫，以供奉藏传佛教，宫中主佛为一整根木头雕成。即采于四川的大山之中。

遗憾的是，经明清两代皇陵建筑采伐所用，山中正规的木材已经砍伐殆尽，使得楠木的市场价格越来越高，简直到了一木难求的地步。而且对环境造成了巨大的破坏。

第三进深院落大门为棂星门，门内有两柱牌楼门和石几筵。“后圆”即指永乐帝的陵墓，它由宝城、宝山、方城、明楼组成。宝城状如圆形城堡，宝城围起来的土山为宝山，宝山下为玄宫。宝城正前方建方城，方城之上为重檐歇山顶明楼。明楼是每座陵墓的标志，也是每座陵墓中轴线上的最高建筑。

明楼上原来伫立着一块石碑。原碑刻着朱棣原来的庙号“太宗”，后来世宗嘉靖七年

（1528）改太宗为成祖，但没能换石碑，只是用木雕镶在成祖的石碑上。明楼内立“圣号碑”碑首为“大明”，下刻“成祖文皇帝之陵”7个字。长陵陵园还辖有东、西井。东井在德陵馒头山的南面，西井在定陵西北。“井”内葬有被赐死的殉葬宫妃。

宫妃殉葬制度在明初还一直保留，直到明英宗天顺八年，才彻底废除。从那以后所建的皇陵，均没有再出现这样的情况。

两柱牌楼门，为柱出头式牌坊，又称棂星门。其两石柱，截面作方形，顶部各雕一坐龙（两龙相对），前后戗抱鼓石。柱间木构部分仍为民国二十四年（1935）时仿景陵制增构。其形制为单檐歇山式一间，黄琉璃瓦顶，两山面各置博缝板，檩枋之下置重翘五踩品字斗拱六攒，其里外拽的拱头、耍头均作三幅云形式。斗拱之下依次安装平

板枋、大额枋、花板、小额枋、门框、上槛（安装门簪四枚）、余塞等构件。

两柱牌楼门后为石几筵。它由石供案和五件雕刻精致的石供器组成，以示常年供奉。

石供案，为须弥座形制。其上下枋均浮雕串枝花卉，上下枭刻仰俯莲瓣，束腰部分刻椀花结带图案，四角雕刻玛瑙柱之形。案体规整大方，基本完好。案上五供器俱全。中间的石香炉，作三足鼎形，炉身和炉盖各用一整石雕成。炉身部分腹部圆浑，三足外侧各雕云纹饕餮。炉耳、炉沿则分雕回纹图案；炉盖，底径大小同炉沿，顶圆，下雕一周海水江牙图案，上雕云纹及一头部前探的盘龙。烛台，形状略似古祭器中的“豆”，烛盘下雕仰莲瓣一周，下雕云纹。花瓶，小口大腹，两耳各雕衔环。

整个石案构图讲究，通过错落有致的排列，体现了即使是在死后，皇帝也享受于天地之间。从一个个小小的侧面，进一步体

现了“皇权天授”、“天人合一”的思想。

经过了前面三进院落之后，就来到了陵寝建筑最主要的部分——宝城。

陵园的宝城建筑构成了“后圆”部分。其前部与第三进院落相接，形成一个整体。宝城，明代文献中又作“宝山城”，因城内覆盖玄宫（墓室）的封土称为“宝山”而得名。从外观上看，它就像一个封闭的圆形城堡，城高7.3米，外侧雉堞（垛口）林立，内侧置宇墙，中为马道，宽1.9米。宝城周长约2华里。宝城之内是埋葬帝后的玄宫（墓室）建筑，上面堆满封土，中央部分隆起，像一座小山陵，故称“宝山”。我国古代的陵冢，秦、汉以来，多作覆斗形状，其周围的陵墙平面也作方形，而明朝的帝陵，自南京孝陵始，则创制为圆形的陵冢，外护以圆形宝城墙的制度。

进入宝城的通道上，是一座楼阁式建筑，称为明楼。其作用是摆

放说明陵主身份名称的石碑。这座明楼，明朝及清初时曾是前、后、左、右四面对称设置红券门，不仅楼体外檐斗拱系木结构，内部也都是木质的梁架结构，因此《帝陵图说》有“栋梁楠梗”的记载。

自明十三陵陵区建成之后，特别是明代末期，由于自然灾害频发，连年战乱，导致整个陵区建筑不仅缺少维护，而且受自然侵蚀风化的影响，导致年久失修。

清乾隆年间，由于国事已经稳定，而且国家经济也有了很大的增长，国库殷实，有一定的经济实力可以用来对十三陵进行维护。这种做法并不简简单单表明清政府对明王朝的尊敬，更重要的是可以借此安抚那些依然怀念明王朝的遗老遗少。

清政府开始组织力量对明十三陵有关建筑进行检查，结果发现明十三陵的明楼凡“搁架木植者皆糟朽坍卸”，所以，乾隆五十年（1785）修缮各陵明楼时，管工的大臣们特向乾隆皇帝上奏说：“今若就其形势仍用木植修换，恐难持久”，并提出各陵明楼的修复，应按照永定二陵明楼的起券方式，“一律改发石券”。

长陵明楼在该次修缮中，因此改变了结构。首先，明楼内砌起了石券顶，楼顶因此变成了砖砌的实心顶结构，其次，左右两个红券门亦用砖封死，故此，现在前后券门通畅如故。而明楼的外观则形制基本如旧其中，上下檐四面均各显三间，上檐饰单翘重昂七踩斗拱，下檐饰重昂五踩斗拱，斗拱后尾均砌于砖体内。明楼的上下两檐之间，在南面一侧有华带式木榜额，书“长陵”两金字，亦仍如明朝旧制。楼内正中立有“圣号碑”。碑制为龙首方趺，篆额“大明”，下刻

“成祖文皇帝之陵”七个径尺楷书大字。其中，“成祖”，是朱棣的庙号；“文”是朱棣的谥号（寓意“经纬天地”），文字旧时泥金，碑身用朱漆阑画云气，故又有“朱石碑”的俗称。

明长陵的建设，为明一代皇陵建设开辟了一个新的时代。无论是对堪舆理论在皇陵选址方面的实际应用，还是对皇家陵园建设的基本规制，自明孝陵、显陵之后，又开始了一个新的时代。特别是选址的巧妙，直接影响目前十三陵园区的保存程度。除思陵为灭国之后由下一个王朝代为安葬，无法显现出皇家气派以外，其余的陵墓到今天为止，整体格局依然都保持完好。

为什么明十三陵与清东陵所在山脉同属于燕山山脉，而没有像清东陵那样普遍受到地质灾害的影响被水淹没地宫

或由于人为因素遭到破坏呢？

从现代地质学研究来看，明十三陵与清东陵虽然同属于燕山山脉，但是，一是明十三陵所处地势较清东陵为高。二是明十三陵坐落的天寿山区基本岩石是寒武纪和奥陶纪的石灰岩和白云质灰岩。这种岩石储水性能比较好，可以在山间形成稳定的河流，同时，经过漫长时间的地质风化，在山前堆积所形成的黄土，质量十分稳定。在风水学中，这种土质为上品。事实上，满清入关之后，也曾经看好这片区域，虽然无法在此兴建陵区，但是八旗子弟的封地多在京北昌平和京西一代。表明两个朝代一致看好这片富裕的土地。三是明十三陵陵区的选址，巧妙地避开了由居庸关延伸下来的山前构造断裂带，使这条断裂带在陵区南部绕了过去，这样不仅保证了陵墓不会受到地质构造运动和地下水的影响，而且还会有效地保护陵区内的水龙，不会因此而失水。

现代地质学证明，明十三陵陵址的选取是十分正确的。

第十一章　献陵

明朝第四位皇帝明仁宗朱高炽和皇后张氏的陵墓。

明仁宗朱高炽，成祖长子，洪武十一年（1378）七月初一日生于安徽凤阳；二十八年（1395）闰九月二十一日，册立为燕王世子。永乐二年（1404）四月四日，立为皇太子；二十二年（1424）八月十五日即皇帝位。

因永乐皇帝在位时，国库消耗过大，国家经济压力沉重，政治矛盾突出，社会矛盾开始紧张。因此朱高炽即位后，改元洪熙，开始了他一系列的改革，他废除了古代的宫刑，停止了郑和的“宝船”下

西洋的弊政，停止了皇家的采办珠宝，这为国家节省了很多的开支。他处处以唐太宗为楷模，爱民如子，他下令减免赋税，对于受灾的地区无偿给以赈济，开放一些山泽，供农民渔猎，对于流民一改往常的刑罚，采取妥善安置的做法，这一切都使得洪熙朝人民得到了充分的休养生息，生产力得到了空前的发展，明朝进入了一个稳定、强盛的时期，也是史称“仁宣之治”的开端。

洪熙元年五月二十九日。仁宗皇帝由于心脏病突发猝死，终年四十七岁。这是因为明成祖在位期间，把大部分精力花在了迁都以及军事和政治斗争中，因此朝中的政务一直是交给朱高炽来掌管，这也为他继位之后如何施政，奠定了一个良好的基础。

明仁宗朱高炽不愧为一代仁主的称号。

死后谥“敬天体道纯诚至德弘文钦武章圣达孝昭皇帝”。

明仁宗登基时的处境，和后朝也就是清朝的雍正皇帝极为类似，因为他们都有一个虚耗钱财、好大喜功的父亲，盛极之后，都面临着一个国库空虚，急需平稳过渡的局面。因此，只有节俭，方能使政权变得更加稳固。

献陵的营建是在仁宗死后开始的。

仁宗临终曾遗诏：“朕既临御日浅，恩泽未浃于民，不忍重劳，山陵制度务从俭约。”

宣宗朱瞻基继承皇位之后，决定遵照仁宗遗诏营建献陵。

据明实录记载，召尚书蹇义、夏原吉等谕之曰：“国家以四海

之富葬其亲，岂惜劳费？然古之圣帝明王皆从俭制，凡孝子思保其亲之体魄于永久者，亦不欲厚葬，秦汉厚葬之患足为明戒。况皇考遗诏务从俭约，天下所共知。今建山陵，予以为宜遵先志，卿等之意如何？”意思是，国家拥有四海之富，但是以四海之富，安葬其亲人，难道不是有些太浪费了么？而且，古代的圣帝明王一般都从简办理丧事。作为孝子也只是想使亲人体魄永久保存，没有必要厚葬。秦、汉时期由于厚葬的所带来的各种各样的弊病，我们应当引以为戒。更何况皇考临死之前明确要求从俭建陵，天下共知。今建山陵，我认为应遵皇考先志，你们认为如何?蹇义等回答说：圣见高远，发于孝诚，这是对千秋后世都有益处的事。

于是，宣宗亲定陵园规制，并委派成山侯王通、工部尚书黄福总理修陵事宜。从洪熙元年七月兴工，到八月玄营落成，埋葬仁宗，仅用了三个月的时间。地面建筑也陆续营建。八月，行在工部奉命营建门楼、享殿、左右庑配殿和神厨。正统七年（1442）十二月建造明楼，次年三月，陵寝建筑全部完工。“其山周正圆厚，罔峦拱揖，川源逶迤，舆长陵相比云。”

建成以后的献陵位于长陵西北约1公里处。

参加陵园营建的有南京守备襄城伯李隆统领的万名军士，南京海船厂附近江北府卫旗军工匠118000人，以及河南、山东、山西、直隶、凤阳、大名等府州征调的民夫5万人。

事实上，因献陵位于长岭之西北，在长陵的右后方，属于上风上水。因此在各方面也确实不能过于奢华。那样的话，未免有僭越之嫌。而且长陵已经占据了整个天寿山区最为开阔的地势，因此献陵所在的位置以及那里的山川地理形势也不允许展开太大的工程。

建成后的献陵，和其他明皇陵相比，无论是建筑规模、基本形制，还是建筑数量，确实比较俭朴。

沿长陵神道向北，经五空桥分出，西北长约1公里，即为献陵神道。途中建有单空石桥一座。路面为中铺城砖，两侧墁碎石为散水，十分俭朴，并且没有单独设置石像生、碑亭（现存碑亭为嘉靖年间增建）等建筑。

陵宫建筑与长陵比较，同样非常俭朴。其朝向为南偏西200占地仅4.2万平方米左右。其陵殿、两庑配殿、神厨均各为5间，而且都是单檐建筑；祾恩门则仅为3间；方城、明楼不仅不像长陵那样高大，而且城下券门改为更简单的直通前后的形式。照壁则因之不设于券洞内而设于方城之后，墓冢之前。

上登明楼的礓石察量路则改为设于宝城之内的方城左右两侧。由于献陵陵制不追求奢华，所以，前人在述及明陵时有“献陵最朴，景陵最小”之说，它为此后的明陵建筑树立了楷模。

明献陵还有一个特点，这就是祾恩殿和方城明楼在院落上彼此不相连属。前面以祾恩殿为主，建有一进院落，殿前左右建两庑配殿和神帛炉。院的正门，是祾恩门，也即陵园的大门，门前出大月台，院后设单座门一道。后面以宝城、明楼为主，前出一进院落。院内建两柱棂星门、石供案。院门为三座单檐歇山顶的琉璃花门。二院之间，隔一座小土山。那么，选择中隔小山这种布局的原因是什么呢？原来，这与陵园的风水有关。

首先，献陵的位置在长陵及整个天寿山区的虎砂附近，由于风水的缘故，不允许大兴土木。

其次，献陵本身就处在一个非常好的风水环境之中。

献陵宝城前的这座小山，名为玉案山，它从陵园左侧延伸而来，是献陵的龙砂。因其屈曲环抱陵前，所以，又是献陵的近案。风水中，“龙喜出身长远，砂喜左右回旋”，“龙虎环抱，近案当前”，这种玉案山以及龙砂、虎砂和来山范围内所形成的相互环抱的小格

局，正是典型的内明堂格局，可谓是完美至极。

由于上述原因，所以，修建献陵时只在明堂范围之内修建了宝城、明楼和一进院落。而将举行祭祀仪式的祾恩殿修在了玉案山前。经过这样的经营设计，不仅解决了献陵明堂地域面积小，建不下宝城和前面两进院落的问题，维护了“龙砂不可损伤”的风水信条，而且使陵园山重水复、殿台参差，形成了人文景观与自然景观和谐统一的美。使几何形体陵园建筑在山、水、林木的映衬下，更加错落有致。这是迷信的封建帝王和风水术士们所不能预想的。

第十二章　景陵

明朝第五位皇帝宣宗朱瞻基与皇后孙氏的合葬陵寝。

明宣宗朱瞻基，仁宗长子，建文元年（1399）二月三日生于燕王府。永乐九年（1411）十一月十日，立为皇太孙；二十二年（1424）仁宗即位，十月十一日，立为皇太子。洪熙元年（1425）六月十二日即皇帝位。次年改元宣德。宣德十年（1435）正月初三日，逝于乾清宫，享年37岁。谥“宪天崇道英明神圣钦文昭武宽仁纯孝章皇帝”。六月二十一日葬景陵。

宣宗皇帝朱瞻基在治国方面，颇受其父影响。承了前代与民休息的政策，多次下诏开仓赈济受灾百姓，益蜀免受灾地区的田赋。在宫廷生活上，他注意节俭，反对奢靡。在用人行政上，亲贤臣，远佞幸。重用仁宗朝的蹇义、夏元吉以及三杨等老臣。对不称职的官员，不论关系亲疏，一概斥而不用。

景陵内埋葬的皇后是孝恭章皇后孙氏，山东邹平人，永城县主簿孙忠女。年幼时，因容貌俊美，被诚孝皇后张氏的母亲彭城伯夫人看中，遂被选入宫内，当时年仅10余岁，成祖命养在张氏宫中。后宣宗（当时为皇太孙）到了结婚年龄，济宁人胡氏，被选为皇太孙妃，孙氏被选为嫔。宣宗即位，册封胡氏为皇后，孙氏为贵妃。

按照旧时的宫廷礼制，皇后被册封后赐金册宝（印），贵妃以下有册无宝。孙氏入宫后，极受宣宗宠爱，宣宗遂破格于宣德元年（1426）五月，向太后请示，制金宝赐予孙氏。此后，明代诸帝贵妃被册封，均册、宝俱备。

胡氏、孙氏，一皇后，一贵妃，虽受恩宠，却都没有生儿育女。孙贵妃暗地里将其他宫女所生的孩子（即英宗）据为己有，伪称是自己所生。从此恩宠更在胡后之上。胡后身体不好，常常有病，渐被宣宗冷落。宣宗为立孙氏为后，命胡后上表辞位，以早定国本（太子）。宣德三年三月，胡后辞位，退居长安宫，赐号“静慈仙师”，贵妃孙氏被正式册立为皇后。

英宗即位后，孙氏被尊为皇太后。英宗在“土木之变”中被蒙古瓦剌部所俘，太后命郕王监国。景泰帝（郕王）即位，尊孙氏为上圣皇太后。英宗被囚，孙太后多次派人送御寒衣裘。英宗复辟后，为孙氏上徽号“圣烈慈寿皇太后”。

天顺六年（1462）九月四日，孙太后去世，谥“孝恭懿宪慈仁庄烈齐天配圣章皇后”。合葬景陵。

景陵的营建始自宣宗去世之后。英宗朱祁镇即位后随即派人赴天寿山陵区卜地。

据明实录载，英宗继位之后，马上着手安排有关事宜：正月癸未，营建大行皇帝陵寝于天寿山。敕太监沐敬、丰城侯李贤、工部尚书吴中、侍郎蔡信督工，成国公朱勇、新建伯李玉、都督沈清及内府诸衙门锦衣卫发军匠人等十万人兴役。

宣德十年（1435）正月十一日，陵寝营建正式动工。具体位置在长陵和献陵的北面，距献陵不过半公里，距长陵也只有1.5公里。其地理形势和献陵差不多

太监沐敬、丰城侯李贤、工部尚书吴中、侍郎蔡信等奉命督工。成国公朱勇、新建伯李玉、都督沈清及内府各衙门、锦衣卫等共发军民工匠10万人兴役。六月二十一日，葬宣宗。天顺七年（1463）三月十九日，陵寝工毕。其间断断续续共历28年的时间。

为了遵从宣宗皇帝生前节俭的习惯，英宗诏谕大臣："上谕行在礼部臣曰：山陵祭祀，哀戚存焉。服饰华丽，岂礼所宜？朕自今后每遇孝陵、长陵、景陵行礼之日，与百官俱具浅色衣服，如洪武、永乐例。"

景陵的陵园制度，基本上是依照献陵所营造的，建筑规制一切从简，所有建造也十分简朴。

其神道从长陵神道北五空桥南向东分出，长约1.5公里，途中建单空石桥一座。陵宫朝向为南偏西55°，占地约2.5万平方米。宝城因地势修成前方后圆的修长形状。前面的二进方院和后面的宝城连成一体。中轴线上依次修建祾恩门、祾恩殿、三座门、棂星门、石供案、方城、明楼等建筑。

嘉靖十五年（1536）四月二十七日，明世宗朱厚熜亲阅长、献、景三陵，见景陵规制狭小，对从臣郭勋等说："景陵规制独小，又多损坏，其于我宣宗皇帝功德之大，殊为勿称。当重建宫殿，增崇基构，以隆追报。"根据《帝陵图说》记载，增崇基构后的景陵祾恩殿，"殿中柱交龙，栋梁雕刻，藻井花鬘，金碧丹漆"，殿中有暖阁三间，黼座（帝座）地屏直到康熙年间犹有存者。此外，嘉靖年间还在陵前增建了神功圣德碑亭，但是没有碑文。

现在，陵内的祾恩殿台基，仍是嘉靖年间改建后的遗物。从遗

存的明代殿宇檐柱柱础石分布可以看出，该殿原制面阁五间（31.34米），进深三间（16.9米），后有抱厦一间（面阔8.1米，进深4.03米），前面的御路石雕二龙戏珠图案，比献陵一色云纹，显得更为精致壮观。

清乾隆五十一至五十二年（1785-1786），清廷曾对明陵进行一次较大规模的修缮。为省工省料，景陵的祾恩门、祾恩殿均被缩小间量重建，两庑配殿及神功圣德碑亭因残坏而拆除。现在，祾恩门、祾恩殿的台基上还有清代改建后遗留的柱础石。神功圣德碑亭仅存石碑及台基。

第十三章　裕陵

明朝第六位皇帝明英宗朱祁镇和皇后钱氏、周氏的合葬陵寝。

明英宗朱祁镇（1427年11月11日～1464年2月23日），明朝第六位皇帝。明宣宗长子。9岁即位。即位初大事权归太皇太后张氏，以三杨主持政务，继续推行仁宣朝的各项政策，社会经济有所发展。张氏死后，三杨去位，宠信太监王振，他广植朋党，开启了明代宦官专权之端。十四年，瓦剌入犯，听从王振之言亲征，抵土木堡兵败被俘。郕王朱祁钰被拥立为帝，改元景泰。元年（1450），英宗被释回京，软禁于南宫。景泰八年，武清侯石亨等发动夺门之变，英宗复

位，改元天顺。

天顺八年（1464）正月十七日，英宗去世，谥“法天立道仁明诚敬昭文宪武至德广孝睿皇帝”。临终遗诏止殉，结束了宫人殉葬的残酷制度。五月，陵寝玄宫建成，八月，英宗葬裕陵。

裕陵始建于英宗去世后的天顺八年（1464）二月二十九日，太监黄福、吴昱，抚宁伯朱永，工部尚书白圭，侍郎蒯祥、陆祥奉命督工。参加营建的军民工匠共达8万余人。

蒯祥和陆祥是明代初年两位技艺高超的匠师。

蒯祥，江苏吴县人，原为香山木工，后授职营缮所丞，官至工部左侍郎。他技艺超群，能主大营缮，“凡殿阁楼榭，以至回廊曲宇随手图之，无不中上意者。能以双手握笔画双龙，合之如一。每修缮持尺准度若不经意，既造成，不失厘毫。宪宗时，年八十余，犹执技供奉，上每以‘蒯鲁班’呼之”，正统年间曾主持重建皇宫三大殿的工程。

陆祥，江苏元锡人，洪武初，朝廷鼎建宫殿，与兄陆贤应召入都。陆贤授官营缮所丞，陆祥授郑王府工副。郑王就藩后隶工部，以石工绝技升工部营缮所丞，擢工部主事进郎中，后官至侍郎。他“有巧思，尝用石方寸许，刻镂为方池以献，凡水中所有鱼龙荇藻之类皆备，曲尽其巧。”

在这些朝廷大员的督理下，裕陵工程进展很快，仅两个月左右的时间，就把地下玄官建成了。天顺八年五月八日，奉英宗皇帝梓宫入葬；六月二十日，陵寝工程全部告竣。

《明宪宗实录》记载当时裕陵的规制为：“金井宝山城池一座，照壁一座，明楼、花门楼各一座，俱三间，香殿一座五间，云龙五彩贴金朱红油石碑一，祭台一，烧纸炉二，神厨正房五，左右厢房六，宰牲亭一，墙门一，奉祀房三，门房三，神路五百三十八丈七尺，神

宫监前堂五间、穿堂三间、后堂五间、左右厢房四座二十间、周围歇房并厨房八十六、门楼一、门房一、大小墙门二十五、小房八、井一，神马房二十、砖石桥二、周围包砌河岸沟渠三百八十八丈二尺、栽培松树二千六百八十四株”。

陵园从营建到完成，仅用了近四个月的时间。

裕陵的建筑曾于清乾隆五十至五十二年（1785－1787）修缮，情况同献陵。

民国年间，祾恩殿在战乱中被拆毁，祾恩门则于民国六年（1917）被焚。现该陵殿门均成遗址，其余建筑保存尚好。

第十四章　茂陵

明朝第八位皇帝宪宗朱见深和王氏、纪氏、邵氏三位皇后的合葬陵寝。

茂陵，位于裕陵右侧的聚宝山下。

明宪宗朱见深，英宗长子，正统十二年（1447）十一月二日生，十四年（1449）八月二十二日立为皇太子。景泰三年（1452）五月二日废为沂王。天顺元年（1457）三月六日，复立为皇太子，改名见深。八年（1464）正月二十二日，即皇帝位。次年改元成化。成化二十三年（1487）八月二十二日去世，年41岁。

谥“继天凝道诚明仁敬崇文肃武宏德圣孝纯皇帝”。

明宪宗朱见深，原名朱见浚，于公元1449年英宗北征时奉皇太后之命，被立为皇太子。土木堡之变之后，英宗被俘，他的叔叔明代宗取而代之，他也同时失去了自己的皇太子地位。经过一番精心的谋划，朱见浚被废为沂王。但是，随着时局的变化，先是被立为太子的朱见济早夭，随后他的父亲被瓦剌释放，事情似乎出现了转机。“夺门之变”之后，他的父亲夺回了皇位，他的太子之位也失而复得。

英宗复国之后，改元天顺，也将他改名朱见深。天顺八年，英宗皇帝去世，朱见深继承了皇位，成为了明朝第八位皇帝，第二年改年号为“成化”。

朱见深一生基本碌碌无为。他宠信太监，终日沉湎于女色。他在位的唯一亮点，就是在文化方面还有所建树。举世闻名的“成化斗彩鸡缸杯”就诞生在他统治时期。

朱见深驾崩一个月后，经过讨论，成化二十三年（1487）九月十五日，终于定下其陵寝名称为茂陵。同日嗣皇帝孝宗朱祐樘下旨建陵。

陵址由礼部右侍郎倪岳及钦天监监正李华等人卜定。由于这时天寿山区可供选用的吉穴已经不多，因此选址的工作并没有花费太多周折。就定在了裕陵右侧的聚宝山下。

茂陵的陵寝制度基本按照裕陵的规制，没有太大的变化。

按裕陵规制，包括有：金井宝山城池，照壁，明楼、花门楼，

香殿一座五间，云龙五彩贴金朱红油石碑一，祭台一，烧纸炉二，神厨正房五，左右厢房六，宰牲亭一，墙门一，奉祀房三，门房三，神路，神宫监前堂五间，穿堂三间，后堂五间，左右厢房，周围歇房并厨房，门楼，门房，大小墙门，小房，井一，神马房、砖石桥以及宝城周围的御河。唯一不同的是，宝城内琉璃照壁后面设有左右两个方向的踏跺，可上登宝山，又与其他各陵均不相同。

内官监太监黄顺、御马监太监李良、太傅兼太子太师保国公朱永、工部左侍郎陈政奉命提督军士工匠营造。

成化二十三年（1487）九月十九日山陵启土动工，所役京营军将达4万

之众。十二月十七日，葬宪宗及孝穆太后。地宫前后建设不过三个月。

弘治元年（1488）四月二十四日，茂陵陵寝工程竣工，共用了七个多月的时间。

陵园建成后的第三天，天寿山一带突然降大雨，雷电风雹铺天盖地而来，各陵楼、殿、厨、亭及各监厅屋兽吻、瓦饰击碎很多。于是大臣们交章上奏，请新登极的孝宗皇帝亲贤勤政，修德爱民、以回天意。二十九日，礼部尚书周洪谟等上言："灾不于他所而于祖宗陵寝之地；不于他时而于茂陵工完之初。伏望陛下延访名德讲求治理诘政灾之由究弭灾之道仍敕两京文武群臣同加修省。"

五月十四日内阁大学士刘吉等也上言。显然大臣们是用"天人感应"的思想，解释灾异的由来警示新登极的孝宗皇帝，在今后的执政期间、不要抑贤用邪、不要听信谗言否则，上天还会降下灾异，以示惩罚。

茂陵的建筑在清初时保存尚好、而且祾恩殿内的陈设也保存较

多。顾炎武《昌平山水记》记载顺治、康熙年间茂陵的情况是："十二陵惟茂陵独完、他陵或仅存御榻、茂陵则簨虡之属犹有存者。"

清乾隆五十至五十二年（1785—1787）茂陵曾得到修缮。其修缮情况、除祾恩门连同台基一同缩建外、均同裕陵。至清朝末年、祾恩门因年久失修已经倒塌、民国年间祾恩殿本已残坏、又被拆毁。其现状情况同裕陵。

第十五章　泰陵

明朝第九位皇帝孝宗朱祐樘及皇后张氏的合葬陵寝。

明孝宗朱祐樘，宪宗第三子，成化六年（1470）七月三日生，十一年（1475）十一月八日立为皇太子，二十三年（1487）九月六日即皇帝位，次年改元弘治。弘治十八年（1505）五月七日逝于乾清宫，享年36岁，谥“达天明道纯诚中正圣文神武至仁大德敬皇帝”。十月十九日葬泰陵。

孝宗是明代中叶唯一的较为励精图治的贤君。他即位后，首先裁抑宦官及佞幸之臣，太监梁芳、外戚万喜及其党羽均被治罪。又淘汰传奉官2000余人；罢遣禅师、真人等240余人；佛子、国师等780人，被追回诰敕印仗，遣归本土。并调整内阁班底，罢免了不学无术、依

附权要的阁臣万安、尹直等人。

在位期间，勤于理政，选用贤臣，当时被任用的徐溥、刘建、李东阳、谢迁、王恕、马文升等人，都是正直忠诚的大臣，在弘治一朝发挥了较大作用。

在生活上也能注意节俭，不近声色。

孝宗一朝，削弱了太监乱政的现象，采取了一些发展经济、挽救危机的治国措施，缓和了社会矛盾，出现了一个较为稳定的时期，史称其时为“弘治中兴”。

泰陵，位于笔架山东南麓，这里又称“施家台”，或“史家山”。泰陵陵事的筹划是在明孝宗去世之后。

《明武宗实录》记载，武宗即位后，即着手筹办孝宗丧事。礼部左侍郎李杰、钦天监监副倪谦和司礼监太监戴义对武宗说：“茂陵西面有个叫施家台的地方，是个建陵的吉地，大行皇帝的陵寝可以在那营建。”工科右给事中许天锡也向武宗建议，派廷臣中精通风水术的人，前去复视一次。他还提议：“如有疑，亟移文江西等处。广求术士，博访名山，务得主势之强，风气之聚，水土之深、穴法之正、力量之全，如宋儒朱熹所云着，庶可安奉神灵，为国家祈天永命之助。”礼部亦赞成这个提议。于是，武宗命太监扶安、李兴、覃观及礼部右侍郎王华等人前往施家台看视，最后确定在那里营建孝宗陵寝。

弘治十八年六月五日，陵园正式兴工，并定陵名为泰陵。太监李兴、新宁伯谭佑、工部左侍郎李鐩提督工程，五军都督府及三大营官军上万人供役，历时四月，玄宫落成，于该年十月十九日午刻将孝宗葬入陵内。正德元年（1506）三月二十二日，陵园的地面建筑也全部告成。整个陵寝建筑按《明武宗实录》记载包括：“金井宝山城、明楼、琉璃照壁各一所，圣号石碑一通，罗城周围为丈一百四十有二，一字门三座，香殿一座为室五，左右厢、纸炉各两座，宫门一座为室三，神厨、奉祀房、火房各一所，桥五座，神宫监、神马房、果园各一所”。

泰陵营建虽然只有10来个月的时间，但却不是一帆风顺。祝允明《九朝野记》和孙绪《无用闲谈》曾记载，

泰陵营建中在开挖玄宫金井时，曾有泉水涌出，“水孔如巨杯，仰喷不止”。吏部主事杨子器亲眼看到，如实上奏朝廷。在古代的风水观念中，金井出水，被视为不祥。这样一来，泰陵非改址不可。当时的督工太监李兴，为武宗所宠信，势焰薰灼，不可一世。他见有人对他主管的修陵事提出了意见，十分气恼。工部左侍郎李鐩，希望陵寝尽快工成，也认为杨子器多言。他们偷偷命人堵住泉眼，上疏说杨子器“诽谤狂妄”，武宗不问青红皂白，下令将杨子器关进了锦衣卫大狱。其他知情官员见状再也不敢提这件事，更不敢为杨子器分辨求情。恰巧，这时有个新被起用的知县，莆田人邱泰，来到京城，见京城对这件事议论纷纷，就上疏说：“子器比奏甚有益，盖泰陵有水，通国皆云。使此时不言，万一梓宫葬后有言者，欲开则

泄气，不开则抱恨终天。今视水有无，此疑可释。”武宗觉得有理，命司礼监太监萧敬押解杨子器前往泰陵，一同察看验证。杨子器料到李兴等会堵住泉眼，自己此去凶多吉少，早晨临行时赋诗一首：

禁鼓元声晓色迟，午门西畔立多时。

楚人抱璞云何泣，杞国忧天竟是痴。

群议已公须首实，众言不发但心知。

殷勤为问山陵使，谁与朝廷决大疑。

他自比战国时代向楚王进献美玉的卞和，认为自己做了杞人忧天的傻事儿。现在，不知朝中谁能为自己雪清这不白之冤。众官员也为杨子器担心，怕他惨遭李兴毒手。

萧敬押着杨子器到了秦陵，李兴果然率领一群打手赶到。他们见了杨子器先是痛骂，接着又要鞭打。萧敬连忙阻止，对他们说：“水之有无，视之立见，何必如此？”又对李兴说：“士大夫可杀，不可辱也。”

回到朝廷，萧敬禀报了泰陵金井无水的情况。太皇太后王氏（宪宗皇后）在宫内听说这件事，传旨说：“无水则已，何必罪人！“杨子器才官复原职，避免了一场杀身大祸。

其实，泰陵金井即使没有出水，但从“风水”的角度看，该陵所见位置的确存在不少不合于“吉壤”条件的地方。《帝陵图说》中就曾这样评论泰陵的风水：“山颠巨石，土山戴之。而灵域之脉实生其下，盖天寿山外之山。淆然杂乱，地气不正，穴结无情，非可为弓剑之所也。况

乎黑岭南障，一无所见于前。贤庄，灰岭之水出其左，锥石之水出发其右，二水虽合，环绕南流，流而散也。……则皇堂之地不可言，概可知矣！”谈迁在《国榷》中也说：“泰陵临溪水，直流若干里，制又卑隘，识者知其地之不吉矣。”

泰陵在清康熙时有的建筑即已残坏。《帝陵图说》记泰陵祾恩门情况，“今左右两门坏，垒石以塞门”。

此后，清乾隆五十至五十二年（1785−1787）陵园建筑曾经修葺，修葺情况除三座门由琉璃花门改建成砖砌冰盘檐式门楼外，余同茂陵。其现状较茂陵残坏最为严重。

由于修建时工程质量就缺乏保证，加之清朝修复时也采取了“偷工减料的做法”，因此新中国成立时，泰陵在几百年的风雨飘摇中，早已就破旧不堪，成为十三陵园区中最为残破的一个。2006年初春开始，政府投资人民币3800万对泰陵进行了修复。

泰陵在清朝乾隆年间曾经进行过一次修缮，不过已经过去多年了。如今，进入陵园的第一道门户——祾恩门，只剩下一个大门洞。步入陵园，古木参天，荒草稀疏。抬眼北望，陵园中原本用做祭祀的祾恩殿，如今已然只剩三面颓墙和一片地基，以及散落在四周的石栏杆、台阶、挡板等。转过祾恩殿，位于陵园中部的高大的明楼，呈现出一副颓败之象。

通过政府的修复工程，泰陵正在不断回复往日的原貌。

第十六章　显陵

明世宗嘉靖皇帝的父亲恭睿献皇帝朱祐杬、母亲章圣皇太后的合葬墓。

朱祐杬（1476～1519），明宪宗第四子，成化二十三年（1487）七月十一日（7月30日）受封兴王。弘治七年（1494）九月十八日（10月16日），就藩湖广安陆州（今钟祥市）。正德十四年（1519）六月十七日（7月13日）薨，享年44岁。谥号：献，又称兴献王。

朱祐杬生前并没有做过皇帝，他之所以能够在百年之后配享皇帝陵寝待遇，是因为他的儿子嘉靖皇帝。嘉靖继承大统之后，可能是因为他不是正位继承，为了弥补遗憾，只好改变祖制，不顾朝臣的强烈

反对，自立统嗣体系，发动“大礼仪”，追尊生父朱祐杬为皇帝。

如此还不够，正德十六年（1521）十月，又进一步尊朱祐杬为“兴献帝”；嘉靖二年（1523）“命兴献帝家庙享祀乐用八佾”；嘉靖三年（1524）三月更是加尊为“献皇帝”。

嘉靖三年七月，将皇帝神主奉安于奉先殿东室观德殿，上尊号“皇考恭穆献皇帝”，九月改称孝宗敬皇帝曰“皇伯考”；五年九月“奉安恭穆献皇帝神主于世庙；十七年（1538）九月则追尊庙号为“睿宗”；二十七年献皇帝神主供。朱祐杬被追尊为皇帝后，原有兴献王坟也相应按帝陵规制升级改建，即后来的明显陵。

就这样，朱祐杬的陵墓就在死后被升级为帝陵。

明显陵是全国重点文物保护单位，世界文化遗产，位于湖北省钟祥市城东郊的松林山，是我国数千年历史长河中最具特色的一座帝王陵寝。

显陵始建于明正德十四年（1519），嘉靖四十五年（1566）建成，前后历时共47年，其围陵面积183.13公顷。

整个陵园呈双城结构，外罗城周长3600米，红墙黄瓦，金碧辉煌，蜿蜒起伏于山峦叠障之中。

陵园由30余处规模宏大的建筑群组成，依山间台地渐次布列有纯德山碑、敕谕碑、外明塘、下马碑、新红门、旧红门、御碑楼、望柱、石像生、棂星门、九曲御河、内明塘、棱恩门、陵寝门、双柱门、方城、明楼、前后宝城等。

由于显陵原本只是一座王陵，是在原来基础上升级建成的。因此，显陵的陵区格局也就不同与一般的皇帝陵，没有按照明代皇陵的基本规制营造。

为了显示嘉靖皇帝对于已故父母的孝心，嘉靖皇帝抛开原有的规制，在陵区建筑上采取了许多具有独特匠心的做法。

由于不受规制的限制，因此显陵的规划布局和建筑手法就显得十分独特，这种独特的风格取得了十分好的效果，并对以后的明代皇陵具有承上启下的作用。

需要特别指出的是，显陵陵寝建筑中金瓶形的外罗城、九曲回环的御河、龙鳞神道、琼花双龙琉璃影壁和内外明塘等都是明陵中仅见的孤例，尤其是“一陵两冢”的陵寝结构为历代帝王陵墓绝无仅有，由瑶台相连而成哑铃状的两座隐密的地下玄宫神秘莫测，一直为世人称奇。

显陵最与众不同的地方，就是有两个宝城。这种状况在中国所有的帝陵中绝无仅有。之所以会出现

这样的状况，是和陵墓主人身份的前后变化密切相关的。

显陵陵区的第一个宝城因修建时间和位置靠前，被称为前宝城，建于正德十五年（1520），是朱祐杬死后按藩王规制建兴献王坟时建造的。第二个宝城被称为后宝城，建于嘉靖十八年（1539），是朱祐杬被追尊为皇帝后与其妻合葬时修建的新宫。

两个宝城之间用很长的平台连接称为“瑶台”，从空中俯看，整体呈哑铃形状。

嘉靖皇帝借助显陵的改造，以表达他对皇权加强要求，并借此完善宗法礼制。具体体现在新旧地宫的形制发生变化产生了明显的差异。

在显陵之前的除孝陵以外的7座明皇帝陵，即长陵、陵献、景陵、裕陵、茂陵、泰陵、康陵，宝城的平面形状均采用的长圆形。而从显陵的新宝城开始，变为正圆形。在此之后修建的明永陵、昭陵、定陵、庆陵、德陵5座陵的宝城均为圆形。

很显然，这是显陵在明陵中承上启下的重要标志。

显陵的陵区周围建有高6米，宽1.8米，长3500米，呈“净瓶”形状的外罗城，与陵宫区围墙相对，分别称为外罗城和内罗城。

显陵的整体建筑仿天寿山前7座皇陵之制。但，前7陵只有陵宫区围墙，每座陵寝并无单独的外罗城，只是在天寿山陵区周围建有防卫森严的城墙。

显陵之后，明世宗在为自己修建永陵的时候，在陵宫区围墙之外，仿效显陵，也加建了外罗城一道，此后的定陵也随之仿效。因此，可以说显陵的外罗城是永陵、定陵外罗城的先声。

显陵是明代帝陵中唯一整体保留神路龙鳞道具体做法的陵寝。中间铺筑石板谓之“龙脊”，两侧以鹅卵石填充，谓之“龙鳞”，外边再以牙子石收束，总称为“龙鳞道”，全长1360米。这种做法既满足陵寝建筑的功能需求，又经济可行，充分显示了古人的智慧。

棱恩门两侧建有用琉璃为材料制成的琉璃影壁，呈内八字形，仿佛将人像流水一般由此引入门内。既有极高的审美价值，更有极强的使用价值。从现存墙体看，为琉璃仿木形式，上部为瓦檐，檐下是琉璃仿木构件，下部为须弥座，花心正面为琼花图案，背面为双龙图案，其做工非常精美。这也是明代帝陵中的孤例。

由于显陵形成的特殊过程，其墓主在死后多次受封，而每一次受封都有相应的石碑，因此，显陵的碑亭远远多于天寿山各陵两座碑亭的数量。

从敕封纯德山碑算起，已经发现或有文献记载的还有山曲碑、睿功圣德碑、纪瑞文碑、纯德山祭告文碑、加上尊谥记文碑、御赐祭文碑和御赐谥册志文碑、明楼碑等九通之多，除建于棱恩殿内的加上尊谥记文碑外，皆建有碑亭（楼），远非明代其他各陵可比。

靖皇帝在显陵多建碑亭的目的，从碑的名目就可大体识别出来。除山曲碑主要记载陵区土地和建筑数量等管理内容外，皆为嘉靖皇帝本人和臣下（如严嵩）为朱祐杬歌功颂德之作，无非是出于私亲的目的为那位从未临御的兴献皇帝正名。

在宝城外面是一条弯弯的

九曲御河，将宝城紧紧环绕起来，这条河全长近2000米，砖石结构，无疑，这是显陵陵区的排水设施。虽然明代各陵都非常重视陵区的排水、泄洪，开挖或利用天然河流形成御沟，然而显陵的九曲御河以其排水体系之完善、体现风水理论之完美，与前7陵形成显著的区别，成为显陵文物的重要特色。

明堂是风水理论中的重要概念，原意为陵区内剖开阔空地，靠近核心—“穴”的为内明堂，不宜太宽阔，可“藏风聚气”；靠近外围的，为外明堂，要宽阔而忌狭窄，以为长久发展之计。

显陵在规划布局中，于明堂的位置设计了两个大水池，内明堂位于棱恩门前的广场中心，正圆形，直径33米。外明堂位于新红门西侧的轴线上，呈椭圆形，东西长120米，南北宽90米。内、外明堂的建制置为北京天寿山各陵均无，这和显陵独具一山有直接的关系。也是现在已知明代陵寝中的孤例。

红门是帝陵建制的主体建筑之一，是进入陵区的第一道门，一般帝陵只有一道红门，即大红门，而显陵由于形成的历史以及出于风水理论的考虑和修建外罗城的需要，在扩建时不能毁坏原有的风水和建筑格局，因此建有两道红门，这在明陵中别具一格。

旧红门，即大红门，建于嘉靖六年，新红门建于嘉靖十九年，实为外罗城城门，由于外明塘的修建，新红门与旧红门不在一条中轴线上，形成了显陵又一重要特色。

第十七章　康陵

明朝第十位皇帝武宗朱厚照和皇后夏氏的合葬陵墓。

明武宗朱厚照（1491—1521），明朝第十位皇帝，年号正德，父亲明孝宗朱祐樘，母亲张皇后，公元1505年—1521年在位，死后葬于北京十三陵之康陵，谥号“承天达道英肃睿哲昭德显功弘文思孝毅皇帝”，庙号“武宗”。

康陵，位于昌平天寿山陵区莲花山东麓，位于左青龙附近。是明朝第十位皇帝武宗朱厚照和皇后夏氏的合葬陵墓。建陵用时1年，

总体布局沿袭前制，呈前方后圆形状。康陵是目前发现的十三陵中砖碑铭文最多的一个陵。该陵建于正德十六年（1521），占地2.7万平方米。明末，康陵曾遭到烧毁，在清朝乾隆年间，曾被整修。

康陵建于正德十六年（1521）四月。嘉靖元年（1522）六月，陵园建成。陵寝建筑由神道、陵宫及陵宫外附属建筑三部分组成。

神道上建五孔桥、三

孔桥各一座，近陵处建神功圣德碑亭一座，亭内竖碑，无字。这么完整、讲究的神道规制，在明中后期的皇陵建筑中还是不多见的。

陵宫建筑总体布局呈前方后圆形状，占地2.7万平方米。

前面有两进院落，第一进院落，以祾恩门为陵门，单檐歇山顶，面阔三间。院内建祾恩殿及左、右配殿，各五间。神帛炉两座。第二进院落，前设三座门，内建两柱牌楼门及石供案，案上摆放石质香炉一，烛台、花瓶各二。

方院后为圆形宝城，在宝城入口处建有方形城台，城台之上建重檐歇山式明楼。楼内竖圣号碑，上刻“大明武宗毅皇帝之陵”。

明楼后宝城内从排水沟里侧开始向中心部位起冢，冢形呈自然隆起状。冢前及稍前两侧分别砌有高不及胸的冢墙，墙前正对宝城瓮道处建琉璃照壁一座。

陵宫外还有一些附属建筑，如宰牲亭、神厨、神库、祠祭署、神宫监、朝房、果园、榛厂、神马房等。

总而言之，康陵是一个小而全的建筑格局。从风水学上讲，左侧青龙昂头，右侧白虎低伏，总体为吉庆之象。但由

于位于整个陵区的西南角，来龙不够，且案山较低，故有泄漏衰败之象。

康陵后五峰陡峭，称为“莲花山”或“八宝莲花山”。

康陵的明楼型制一如明泰陵，方城比较矮小。明楼由于毁于明末而在清朝重修时又缩小了建制，再加上历年的破坏，已破烂不堪。明楼内圣号碑上书“武宗毅皇帝之陵”，这座圣号碑一有裂痕，还有处已破损碎落。明楼虽然残破，但墙皮脱落后，人们可以欣赏到款式多样、字迹清晰、构图精美的城砖铭文，千姿百态，意趣多变，可以找到多种字体、称谓、地名，最多的达六十一个字，古朴天成。

康陵的地上建筑虽多有破坏，但令人欣慰的是，它的地下宝藏——玄宫却没有被盗，不是匪徒门没有打算动手，而是康陵陵墓群构造严密、设计合理，虽历经五百年风风雨雨却很少露出地下玄宫的破绽。

在解放前，曾有土匪在康陵的宝顶上掘开盗洞，企图盗窃陵内珍宝，恰逢连降几天大雨，盗洞坍塌，将洞内土匪砸死，陵园才免于厄运。

康陵的宝城比较低矮，不像长陵那样高大坚固，城砖多有塌落，垛口倾圮。由于宝顶上长满草木，岁月漂摇的痕迹都被掩盖了。康陵虽地处僻远，但由于景色绝佳，在加上古砖铭文，使其更富有历史的沉淀。

历经四百多年风雨侵蚀和曾有的人为破坏，康陵及其明楼损毁严重。明楼两层楼体都出现坍塌，大木糟朽，瓦件残破，斗拱、柱、椽、檩都已破损。2003年4月15日，明十三陵康陵抢修工程启动。修缮完成了登城马道及方城墙体的剔补，方城垛口墙、宇墙的砌筑，地

面铺墁补配，方城压面石的归安、补配，马道砖礓礤制作铺墁，石礓礤补配归安。

武宗是历史上很有争议的一位皇帝。有人认为他荒淫暴戾、怪诞无耻，是少见的无道昏君，然而通过近些年来历史学界的研究，人们对武宗的认识有所改变，有人认为他追求个性解放，追求自由平等，是极具个性色彩的一个皇帝。

第十八章　永陵

明朝第十一位皇帝世宗朱厚熜及陈氏、方氏、杜氏三位皇后的合葬陵寝。

明世宗朱厚熜，正德二年（1507）八月十日生于兴王府，十六年（1521）四月二十二日

即皇帝位，次年改元嘉靖。嘉靖四十五年（1566）十二月十四日逝于乾清宫，享年60岁。

谥“钦天履道英毅圣神宣文广武洪仁大孝肃皇帝”。

次年三月十七日葬永陵。

永陵的营建在世宗皇帝登极后的第十五个年头。系其在位时营建的“寿宫”。但其卜选陵址却是在嘉靖七年（1528）皇后陈氏去世之时。当时，世宗命辅臣张璁及兵部员外郎骆用卿等人为陈皇后选择陵地。同时，也秘密选好了自己的陵地。

骆用卿在嘉靖年间以通晓风水术闻名，他来到天寿山后，外观山形，内察地脉，为世宗选择了橡子岭和十八道岭两处吉壤。随后，世宗就带领从臣和钦天监官员到骆用卿为他选定的两处吉壤察看。看后，觉得十八道岭风水最佳，决定在那里建陵。但还不放心，又派人到江西一带找来著名风水师杨筠松、曾文谠、廖三传的后人再次察看。最后十八道岭被确定为建陵地点。世宗嫌十八道岭山名不雅，下诏更名为“阳翠岭”。嘉靖十五年（1636）四月二十二申时，浩大的陵工开始了。世宗皇帝亲自主持了祭告长陵的典仪，武定侯郭勋、辅臣李时奉命总理山陵营建事宜。在这一天动工的还有其

他七陵的修缮工程、长陵神道甃石以及石像生加护石台等工程。

在营建过程中，世宗打算按照长陵的规制进行营建，却有不好把话说明，就虚情假意地对大臣们说："陵寝之制，量仿长陵之规，必重加抑杀，绒衣瓦棺，联所常念之。"大臣们对世宗的话心领神会，送给世宗御览的陵寝设计图只比长陵规模略小，因此很快得到世宗同意。

大约经过7～11年的经营，永陵营建大体告成。建成后的永陵与前七陵相较，确有独特之处。

首先，是规模宏大。在古代，陵园规模的大小，取决于陵园殿庑、明楼及宝城规则。按照《大明会典》的记载，永陵宝城直径为81丈，祾恩殿为重檐七间，左右配殿各九间，其规制仅次于长陵，而超过献、景、裕、茂、泰、康六陵制度。其祾恩门面阔五间则与长陵相等，其后仅定陵与之同制。另外，永陵的方院和宝城之外，还有一道前七陵都没有的外罗城，其制"壮大，甃石之缜密精工，长陵规划

之心思不及也”。外罗城之内，左列神厨，右列神库各五间，还仿照深宫永巷之制，建有东西长街。《帝陵图说》曾记载这座外罗城的由来：“永陵既成，壮丽已极，为七陵所未有。帝登阳翠岭顾工部曰：‘朕陵如是止乎？’部臣仓皇对曰：‘外尚有周垣未作’。于是周遭甃砌，垣石坚厚，壮大完固。虽孝陵所未尝有，其后定陵效之。”当然，这段文字系出自传闻。因为按《明世宗实录》卷一八七的记载，当时夏言等人拟定的永陵陵寝制度，是按照世宗的旨意，把皇妃从葬之式与陵园制度一体考虑的。更确切的说，世宗皇帝是想把自己的妃子们也葬在自己的陵园内（虽然不是一个玄宫内），于是，夏言等人设计了外罗城，以便将皇妃们埋葬于外罗城之内，其布葬的位置则拟在“宝山城之外，明楼之前”，亦即明楼前左右宫墙之外，左右相向，依次而祔。后来，世宗的皇妃们的墓室虽然没有按原议定的方案，修在外罗城内，但外罗城则按原定计划修建了。

永陵的砖石结构的明楼，造型新颖的圣号碑，别具一格的宝城城台设计，以及宝城墙花斑石垒砌的城垛，祾恩殿、祾恩门“龙凤戏珠”图案和御路石雕也都是以前各陵没有的，这些建筑规制后来为定陵所效法。

由于永陵用料考究，规制宏阔，明隆庆《昌平州志》称其“重门严邃，殿宇宏深，楼城巍峨，松柏苍翠，宛若仙宫。其规制一准于长陵，而伟丽精巧实有过之”。永陵的建成，耗费了大量国库银两。据《明世宗实录》记载，当时参加营建永陵的三大营官军有4万人，

再加上嘉靖十六年（1537）正月陵区内新行宫和圣迹亭的兴工，以及皇宫内外工程，每月费银不下30万两。但当时工部库贮之银仅有百万两，修陵经费十分困难。为此，世宗只得采纳大臣们的意见，用广纳事例银的办法，以济陵工。

清乾隆五十至五十二年（1785—1787），朝廷修葺十三陵时，永陵也得到了修整。当时永陵的祾恩门和祾恩殿虽然“头停椽望尽属破坏，柁、檩、枋、垫亦有糟朽”，但由于初建时用材宏壮、施工精

细，其大木构架尚无大损。负责修陵的大臣金简（工部尚书）、曹文埴（户部侍郎）等人本应建议按原制修缮，可是，鉴于十三陵修缮范围较大，至乾隆年间楠木已经“采伐殆尽”，若“仍照旧式修整，则长陵、永陵两处购求大木更难办理”的情况，经过商议，提出了这样一个拆大改小的建议：“拟将永陵享殿等处拆卸，一切柱木大件先尽长陵均匀配用。其永陵宫门、享殿，再将拆下两庑各座木料配搭，按照各陵规制建造享殿五间、宫门三间。”他们认为，"如此转移筹办，不独长陵规模可仍其旧，轮奂维新，即永陵殿宇亦得与诸陵一律缮治整齐，观瞻并皆宏敞"。这个建议在今天看来是不符合文物建筑“修旧如旧”的原则的，但在当时，也只能采取这一方式，因为乾隆皇帝下令修缮十三陵，目的在于怀柔汉满两族关系，以维护大清王朝的统治，其政治目的是居于首位的。只要政治目的达到，陵园是否符合原制并不重要。而按照这一建议实施，则会压低修陵的经费。所以，金简等人的奏折呈到宫廷内，乾隆皇帝很快就准奏了。永陵的祾恩门、祾恩殿因此全部被缩小规制建造：祾恩殿由面阔七间（通阔50.65米）、进深五间（通深27.72米）。缩为面阔五间'（通阔25.91米）、进深三间（通深14.4米），殿顶由重檐式改建为单檐歇山式；祾恩门，由面阔五间（通阔26.26米）、进深二间（通深11.26米），缩为面阔三间（通阔12.3米）、进深三间（通深8.7米），单檐歇山顶的形制未变。

第十九章　昭陵

明穆宗朱载垕，世宗朱厚第三子，嘉靖十六年（1537）正月生于皇宫，十八年二月封裕王，四十五年十二月继皇帝位，次年改元“隆庆”，隆庆六年（1572）五月二十六日于乾清宫病故，享年36岁。谥“契天隆道渊懿宽仁显文光武纯德弘孝庄皇帝”，九月十九日葬昭陵。

朱载垕共有兄弟八个，均非嫡出。其兄长哀冲太子、庄敬太子。穆宗排行第三，为孝恪杜太后（初为康妃，嘉靖十五年封康妃，穆宗即位后追谥为太后）所生。除大弟弟朱载圳怀有异志之外，其余的弟弟都年少而殇。

按照明朝的礼制，哀冲、庄敬二位太子死后，就应立穆宗为太子。但世宗认为，穆宗的两个哥哥被立为太子后都过早死去，所以不敢再立太子。穆宗的异母弟弟朱载圳，倚恃其母卢靖妃有宠于世宗皇帝，时有夺取皇太子位之意。当时君臣上下议论纷纷，世宗遂于嘉靖四十年命景王就藩德安。四年后景王死去，世宗对大学士徐阶说：我这个儿子平素总有夺嫡之心，现在总算死了。

穆宗即位之初，颇有节俭之行。在朝政的处理上，穆宗初登政坛，也不乏振兴之举。面临世宗朝遗留下的严重的财政危机和不安定因素，他在宫内信任比较正派的内官监太监李芳，在大臣中，任用徐阶、高拱、张居正等一些出色的政治家，朝廷政治出现了新的起色。

临政之初，内阁首辅大臣徐阶在草拟世宗遗诏和穆宗即位诏书时，提出了为嘉靖年间因建言（规劝皇帝）而获罪的官员平反，将遇弄世宗的方士交付法司治罪，停止斋醮活动，罢织造，停采买珠宝香料等无益之举，大赦天下，免嘉靖四十三年（1564）以前各地所拖欠的田赋，减免明年天下田赋之半，赦免并启用被囚于狱中的原户部主事海瑞及吴时来、赵锦等33名官员，为遭严嵩迫害的杨继盛等45名官员昭雪平反。这些大得人心的做法实施后，“朝野号感激”，对消除世宗朝的种种弊端产生了一定作用。

穆宗登基后，政事虽有振作，但毕竟是在王府的花天酒地中生活惯了，其初政之美仅维系了不足一年的时间，便沉醉在后宫的享乐之中。

他不顾当时国库空虚，民生凋敝的经济形势，多次取太仓银入内府。又下诏户部四处购买猫睛石、祖母绿及各色珠宝，大兴土木修建宫苑等，在位6年中，传旨取银竟不下数十万两。

在宫中，滕祥、孟冲、陈洪三名太监，“争饰奇技淫巧以悦帝

意”。太监李芳切谏，穆宗竟解除其内官职务。陈皇后因劝谏而被出之别宫。大臣们也纷纷上疏劝谏，但穆宗根本听不进去，许多人被廷杖削籍。

穆宗终日沉醉于声色玩乐之中，对朝廷政治遂觉厌烦。他长年不上朝问政，更不愿走出皇宫，体察民情。

幸运的是，隆庆年间的几位内阁大臣，如徐阶、高拱、张居正等人都是一些颇有作为的政治家。穆宗皇帝对朝政不感兴趣，却也能采纳内阁的意见。因而隆庆一朝，虽因时间暂短，没有形成“中兴盛世”的局面，却也在很大程度上缓解了世宗朝所遗留的一系列政治危机的形势。

隆庆六年（1572）五月二十六日，穆宗在乾清宫病故。

礼部左侍郎王希烈奉神宗之命往天寿山为穆宗选择陵地，选得了永陵左侧的潭峪岭（今德陵所在位置）。同年六月，神宗又命大学士张居正与司礼监太监曹宪于即位礼后再去陵区审视。张居正对神宗说：送终的事情重大，寻找陵地的风水理论又十分微妙。事情重大，在处理上就应考虑详尽；道理微妙就应广集众言以便做得恰到好处。他建议参照嘉靖年间选永陵时事例，派遣礼、工二部大臣及科、道官各一员，钦天监通晓地理官员、阴阳人等，再推举廷臣中精于地理堪舆之术的官员一人，一同前往察看。

于是，神宗命户部尚书张守直、礼部右侍郎朱大、工部左侍郎赵锦、礼科都给事中陆树德、江西道御史杨家相、工部主事易可久等官员与张居正一同前往天寿山察看。回来后，在张居正等人的建议下，神宗决定采用大峪山做为穆宗陵寝的修建地点。

为什么选好了潭峪岭不用，而用大峪山呢?根据当时的历史背景分析，原因有两个。

第一，大峪山的“风水”优于潭峪岭。张居正对大峪山有过一段描述。他说那里“山川形势结聚环抱……诚天地之 区，帝王之真宅也”。而潭峪岭，则人多认为不吉。如清梁份就曾说那里是“孤峰独峙，左右界水中群山一起一伏参差不一”。又说那里“主山峻峭，气脉全无”。建在那里的德陵则是“左肩受风于北之东，右肩受风于西之北”。明代中叶，虽然有对“风水”之说不再过分讲究的情况，但尽量择吉而葬，却是情理之中的事。

第二，张居正是个务实的政治家。大峪山有现成的玄宫和部分地面建筑，稍事增筑，陵园就可大功告成，事半功倍，省时省力，节省开支。

大峪山为什么会有现成的玄宫建筑呢?这还要回顾一下世宗朝的一些历史。

正德十六年（1521）三月，荒淫无度的武宗朱厚照在他的淫乐窝——豹房病死。武宗无子，遂由兴献王世子朱厚熜（武宗堂弟）继承帝位，即世宗皇帝。

世宗皇帝即位后，经过“大议礼”之争，于正德十六年十月，追

尊其父原兴献王朱祐杬为兴献帝，尊母蒋氏为兴国后。嘉靖三年（1524）四月，又追尊其父为本生皇考恭穆献皇帝，尊其母为本生章圣皇太后。同年修葺陵庙，荐号“显陵”。九月，有的大臣为讨好世宗，提出将埋在湖北安陆（今钟祥县）显陵的献皇帝改葬天寿山，这正中世宗的心意。他命工部办理。尚书赵璜认为不能改葬，理由是：皇考体魄所安，不可侵犯；山川灵秀所萃，不可轻泄；国家根本所在，不可轻动。他主张像太祖不迁皇陵，太宗（即成祖）不迁孝陵那样，不把显陵迁往天寿山。礼部尚书席书等大臣也极力反对，世宗只好作罢。

事隔十几年后，世宗的母亲章圣皇太后于嘉靖十七年十二月病故。世宗忽然又下诏在天寿山营建显陵，打算把父母合葬于天寿山。他亲自到天寿山陵域选择陵址，见大峪山“林茅草郁，冈阜丰衍”，是个建陵的好地方，马上命令武定侯郭勋和工部尚书蒋瑶等人提督内外员役，开始建陵。又命令大学士夏言和礼部尚书严嵩作“献皇帝梓宫启行图”及奉迁仪注。不久，世宗又变卦了。他说：“迁陵一事，朕中夜思之。皇考奉藏体魄将二十年，一旦启露风尘之下，撼摇于道路之远，联心不安。”打算把母亲章圣太后南祔显陵。他命锦衣卫指挥赵俊去湖北显陵，开启玄宫，审视大内“。但回报说玄宫内有水。于是，世宗亲自去显陵察看，命重建玄宫，以待合葬。世宗在回京的路上，途经庆都尧母墓，他灵机一动，又想仿尧父母异陵而葬的故事，不迁父亲的棺椁，而将母亲葬于大峪山。嘉靖十八年（1539），他亲自去大峪山阅视陵工，又说：“峪地空凄，岂如纯德山（显陵后面的山）完美，决用前议奉慈宫南　。”由于世宗犹豫不定，变幻无常，几经周折之后，这座新建好的玄宫便空了下来。穆宗生前没有预建寿宫，此时正好用上。

隆庆六年（1572）七月，工部尚书朱衡从工地回来，向神宗叙述了玄宫内的情况。他说，肃皇帝为睿祖（献皇帝庙号“睿宗”）修建的玄宫“内紫光焕发，和气郁蒸，门堂干净，宛若“暖室”。神宗听了十分高兴，随即命礼部议定发引事宜。八月二十二日，迁孝懿皇后李氏棺椁葬昭陵，九月十九日，穆宗皇帝的棺椁也葬入陵内。像这样利用为别人所建的玄宫埋葬帝后的，在明代还是第一例。

自隆庆六年（1572）六月十五日，神宗下诏在大峪山建陵，声势浩大的地面建筑工程就开始了。工部尚书朱衡被委任总督山陵事务，工部左侍郎赵锦负责督催木石，工部右侍郎熊汝达和内宫监太监周宣等在工所提督施工。另外还有锦衣卫左都督朱希孝、佥书杨俊卿等在现场往来监工。

工程进展十分迅速，仅仅一年时间，昭陵的工程就全部结束。为此，神宗特赐工部尚书朱衡等人银币若干，还恩准侍朗熊汝达一子入国子监读书。

但好事多磨，由于施工不细，才过了一年的时间，陵园建筑便出现了地基沉陷的问题。万历二年（1574）七月，昭陵神宫监官陶金等上奏说：“六月以来，阴雨二日，本陵棱恩门里外砖石沉陷。”工部主事王淑陵奉旨查看，回来后与陶金反映一致。并说棱恩殿、明楼、宝城等紧要处没有损伤。于是，工部又向神宗反映，陵寝重地，建成未及一年便出现事故，内外经管官员都应究治。辅臣张居正也引湖北

显陵殿阁渗漏，降罚经管官员的事例，要求对此进行查处。为此，神宗对王淑陵的回奏进行了批评，说陵寝重地，怎能说沉陷处不紧要？并决定对欺慢误事，造作不精的提督工程太监周宣、左监丞郭全革恩一等，管工主事易可义、员外郎石汉降俸一级，官匠王宣等下法司提问。

事情还没处理完，工科给事中吴文佳又对神宗说："棱恩门、殿等处沉陷甚多，至于宝城砖石翻塌损伤，更为可虑。"神宗随即命工部侍郎陈一松、给事中胡汝钦再去陵园察勘。回来后报称：陵园沉陷严重，棱恩殿丹陛、方墙等处都有程度不同的沉陷、闪动，与陶金、王淑陵所奏相差悬殊。神宗览奏十分生气，马上命都察院会同工部对肇事人员进行参处。这次处罚比上次更为严厉，周宣、郭全各降三级，革去管事职务；熊汝达已致仕，着冠带闲住，恩荫罢革；易可义、石汉各降三级，调外任；等法司从重问拟；朱衡着以尚书致仕；杨俊卿等监工人员四人各降一级，郭元相夺俸半年；马录等法司提问。

陶金、王淑陵因报告的时间与陈、胡二人察看的时间相差一月，其间大雨连绵，沉陷陆续增多，免以虚报处罚。

由于昭陵棱恩门、棱恩殿、垣墙等处严重沉陷，万历三年（1575）正月，神宗不得不委派工部左侍郎陈一松等提督再修昭陵。七月，陵工告竣。

由于昭陵多次兴工，耗费了大量的人力和物力。第一次兴工（指地面建筑），万历元年十月工部盘查营建所用钱粮数，计用库银390932两，还不包括其中神木等三厂的木植用银、大通桥厂的白城砖用银、大石窝等厂旧石料的折银及户、兵二部雇抵班军工食行粮等用银。万历元年十二月，巡视厂库工科给事中梁式等查盘营建昭陵所用钱粮数，除工部上述实用银外，又有户、兵二部银110119两，总计用银501050两有奇。其中，营缮司用银204422两，虞衡司13145两，都水司118854两，屯田司164628两。

第二次接修用银数，文献中没有明确记载。但据《明熹宗实录》记载，前后两次修建共用银150余万两。这还不算嘉靖时营建玄宫的费用。如算上嘉靖年间营陵的费用，其总用度至少在200万两以上，几乎相当于隆庆时一年的财政总收入（隆庆年间岁入约230余万两）。由于营建昭陵需要庞大的钱粮开支，工部库银匮乏到了极点。万历二年八月修缮涿州桥，工部拿不出银两，兵部派不出军匠，不得不由辅臣张居正请求万历皇帝恳请母亲解囊捐银，雇工修建。

昭陵的陵寝制度在十三陵中属中等规模。其神道的设置，从长陵神道七空桥北向西分出，长约2公里。途中建有五空、单空石桥各一座。近陵处建碑亭一座，亭后建并列单空石桥三座。陵宫建筑，朝向为南偏东38o占地约3.46万平方米。其总体布局亦呈前方后圆之形，宝城前设两进院落，方城下甬道作直通前后的方式，以及棱恩殿、配殿为五间，棱恩门为三间的规制均如泰、康诸陵制度。

昭陵的最大特点，是率先形成了完备的“哑巴院”制度。明朝的帝陵从献陵到康陵前后六陵。宝城内的封土都是从宝城内环形排水沟以内开始夯筑“宝山”（墓冢）的，其形状呈自然隆起之态。《昌平山水记》记之为“甬道平，宝城小，冢半填”。昭陵则不同，宝城内的封土填得特别满，几乎与宝城墙等高，正中筑有上小下大的柱形夯土墓冢，封土的前部有弧形砖墙拦挡封土，并与方城两侧的宝城墙内壁相接，形成了一个封闭的月牙形院落，人们俗称为“哑巴院”，并称院外月牙形的墙体为“月牙城”。

宝城封土的排水系统也十分讲究。宝城为前低后高形式，城内的封土则是中高外低。宝城的内侧设砖墁凹形水槽，左右两侧稍前处又各设方井两眼，井上覆盖凿有漏水孔的水蓖子，井下有暗沟前通哑巴

院内的两侧排水孔道。每当大雨降后，城内雨水能顺利地从哑巴院两侧的排水暗沟排出，有效地保证了玄宫上面封土的干燥。

方城后的琉璃影壁也改泰、康等陵依墙而建的方式，为一半嵌入墙体之内的随墙而建的方式。

昭陵的宝城与泰、康等陵宝城模式相比较，显得更加精致壮观。那么，为什么昭陵会采用这种“哑巴院”的形制呢?这还要从昭陵宝城培土一事谈起。据《明神宗实录》记载，万历九年（1581）五月十五日，工部上一道奏章。说：“永陵宝城黄土，自嘉靖十八年以来，至今四十二年，不为不久，乃十分尚亏其八。”还提出六条意见请神宗批答。神宗览奏后下旨说：“皇祖宝城培土如何四十余年尚未完？就这工程重大，若用陵军、班军未免耽延时月，终无完局，依拟通行雇募，刻期报完。”又说：“朕前恭陵寝，见昭陵宝城亦欠高厚，着一体加培，俱不许苟且了事。”这样一来，永、昭二陵宝城的黄土同时加培，大臣们恐洛下“苟且了事”的罪名，自然就按同一规制培筑了。这就是昭陵宝顶与永陵相同，却与长、献、景、泰等陵都不同的原因。由于封土的培高，冢前拦土墙、排水系统、照壁形式，与宝城、方城的关系都要重新考虑，于是形成了陵区内第一座“哑巴院”。这种形制由于冢前拦土墙的大幅度增高，不仅可以满足以永陵位模式在宝城内填满黄土的需要，而且方城下的甬道和宝城内通向明楼的左右转向礓也可以继续使用，而不致被封土掩埋。这种月牙城、哑巴院的方式为后来的庆、德二陵所沿用。

也许有人会问，昭陵的月牙城、哑巴院会不会是原设计就是这样，是原来拟定好的创新之举呢

从昭陵营建的历史背景看，不会是这样的。因为从整个陵寝建筑的规制看，昭陵是按泰、康等陵形制建造的。而且昭陵营建时，正是明代中叶著名政治家张居正执政期间。张居正受孝定皇太后李氏之托，辅佐年幼的神宗皇帝，正身体力行以务实的精神锐意改变时弊，他虽对先帝陵寝的建造态度也十分认真，但却绝不会将精力花在陵制的创新上。因为这样的创新只会增加陵工的工程量，加大用度，而当时张居正却是千方百计在考虑着如何开源节流，从各个方面节省国家的财政支出。这点从神宗隆庆六年七月谕工部尚书朱衡的内容也可看出。神宗的圣谕指出，昭陵的营建“固不可因陋就简，以天下而俭其亲，亦不宜浪费糜财，饰文而鲜实……”可见，昭陵“哑巴院”是在一个偶然因素影响下形成的。

第二十章　定陵

定陵是明代第十三帝神宗显皇帝朱翊钧（年号万历）的陵墓。这里还葬有他的两个皇后。

该陵坐落在大峪山下，位于长陵西南方，建于万历十二年至万历十八年（1584—1590）。主要建筑有祾恩门、祾恩殿、宝城、明楼和地下宫殿等。占地182000平方米。它是十三陵中唯一一座被发掘了的陵墓。定陵地宫可供游人参观。

明定陵地面建筑的总布局，呈前方后圆形，含有中国古代哲学观念“天圆地方”的象征意义。定陵早在万历帝生前就开始营建，万历十二年（1584）开工，历时6年方完成，耗银八百万两。陵墓建成时皇帝只有28岁，直到1620年才正式启用，该陵墓整整闲置达30年之久。定陵成为十三陵中最大的三座陵园之一。它的地面建筑共占18万平方米，前有宽阔院落三进，后有高大宝城一座。陵正门前方是三卒汉白玉石桥。过了桥是高大的碑亭。亭周围有祠祭署、宰牲亭、定陵监等建筑物300多间。再往后就是陵园最外面的围墙－外罗城（围墙外的围墙）。

陵宫的总体布局亦呈前方后圆之形。其外围是一道将宝城、宝城前方院一包在内的“外罗城”。城内面积约18万平方米。《帝陵图说》对这道外城成作过这样的描述：“铺地墙基，其石皆文石，滑泽如新，微尘不能染。左右长垣琢为山水、花卉、龙凤、麒麟、海马、龟蛇之壮（状），莫不宛然逼肖，真巧夺天工也。”又谓：“覆墙黄同瓦瓦，刻砖为斗拱，檐牙玲珑嵌空，光莹如玉石。甲申之变，寸寸毁之，而不能尽毁也。”外罗城仅前部正当中轴线位置设宫门一座，即陵寝第一道门。其制，黄瓦、朱扉、设券门三道。

外罗城内，偏后部位为宝城。宝城之前，在外罗城内设有三进方形的院落。

第一进院落，前设单檐歇山顶式陵门一座，制如外罗城门，为陵寝第二道门，又称重门。其左右各设有随墙式掖门一道。院落之内无建筑设施，院落之前（外罗城之内）左侧建有神厨三间，右侧建有神库三间。

第二进院落，前墙之间设祾恩门。其制面阔五间（通阔26.47米），进深二间（通深11.46米），下承一层须弥座式台基。台基之上龙凤望柱头式的石栏杆及大小螭首设置齐备。前后还各设有三出踏跺式台阶。

第三进院落，前墙间建有陵园最主要的殿宇——祾恩殿。其形制为重檐顶，面阔七间（通阔50.6米），进深五间（通深28.1米），下承须弥座式台基一层，围栏雕饰同祾恩门。台基前部出有月台。

月台前设三出踏跺式台阶，左右各设一出。殿有后门，故台基的后面亦设踏跺式台阶一出。其中，后面一出踏跺及月台前中间一出踏跺设有御路石雕。刻龙凤戏珠（左升龙，右降凤）及海水江牙图案。祾恩殿左右各设随墙式掖门一座。院内沿中轴线设有两柱牌楼门（棂星门）一座、石几筵一套。牌楼门的两柱作出头式，白石雕成、截面为方形，顶部雕坐龙，前后戗以石抱鼓。石几筵，由石供案和石供器组成。石供案作须弥座式，石供器由香炉（一座）、烛台（二座）、花瓶（二座）组成。形制如长、永等陵。

由于宝城的隧道门设于宝城墙的右前方，帝后棺椁在享殿（祾恩殿）内举行“安神礼”后，必须途经外罗城内能进入宝城的隧道门入葬玄宫，同时考虑到建筑设计的对称性，在第三进院落左右两墙又对称地设有随墙式掖门各一座。

此外，定陵外罗城之前，左侧还建有宰牲亭、祠祭署，右侧建有神宫监、神马房等附属建筑。定陵卫的营房则建于昌平城内。其中，定陵祠祭署的建筑布局是，中为公座（办公用的正厅），后为官舍，前为门。神宫监有重门厅室，房屋多至300余间。

第十一章　庆陵

庆陵，位于北京昌平天寿山陵内黄山寺二岭南麓，是明朝第十四帝光宗贞皇帝朱常洛和皇后郭氏、王氏、刘氏的合葬陵寝。

庆陵的地下玄宫自天启元年（1621）三月定穴营建，七月二十九日合龙门，历时四

个月，耗帑银150万两。且工程质量精细，除玄宫全部用石料外，其“后、中、前殿”，有“重门相隔”。天启六年（1626）地面建筑完工。其陵园建筑由神道、陵宫及陵宫外附属建筑三部分组成。神道上建单空石桥一座。近陵处建神功圣德碑亭遗作，亭内竖碑，螭首龟趺，无字。

陵宫建筑总体布局呈前方后圆形状，占地约2.76万平方米。前面有两进方院，彼此不相连接，在二进院落之间有神道相连，并于第一进院落后建单空石桥三座。第一进院落，以祾恩门为陵门，单檐歇

山顶，面阔三间。院内建祾恩殿及左右配殿，各五间。神帛炉两座。第二进院落，前设三座门，内建两柱牌楼门及石供案，案上摆放石质香炉一，驻泰、花瓶各二，方院之后为圆形宝城，在宝城入口处建有方形城台，城台之上建重檐歇山式明楼。楼内竖圣号碑，上刻“大明”“光宗贞皇帝之陵”。明楼后宝城内满填黄土，中央夯筑上小下大的圆柱形体为宝顶，底部直径约28米。冢前拦土墙与宝城墙等高，并与宝城城台及两侧墙体围成一个平面近于“月牙”形状的院落——哑巴院，院内有随墙式琉璃照壁。零工外还有一些附属建筑，如宰牲亭、神厨、神库、祠祭署、神宫监、朝房、果园、榛厂、神马房等。

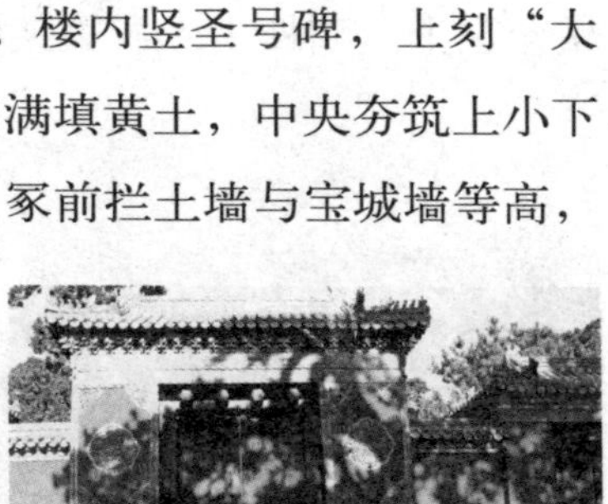

庆陵的排水系统独具特色。对于宝城两侧山壑间的流水，其他各陵都是用明沟排水的方式从陵前绕道排出。而庆陵则是在明楼前修建了一个平面为“T”形的地下排水涵洞。宝城两侧的水流从左右宫墙下的地下涵洞流入，在明楼前的地下汇合后向前排出，从地下躲过环抱于前的龙砂，然后注入砂前的排水明沟，经祾恩殿后的三座石桥，从前院的右侧绕过陵前注入河槽。

据清乾隆年间工部尚书金简、户部侍郎曹文植、礼部尚书德宝上疏：庆陵的明楼、享殿、宫门，“头停瓦片、檩、枋脱落，椽望柱木倾欹”。于是在乾隆五十至五十二年（1785—1787）间，清廷下令修葺。修葺时，将陵前神攻圣德碑亭拆去墙垣，只留石碑，并于碑外四隅补修齐胸高的宇墙。祾恩殿、祾恩门均缩小规制复建。拆除了左、右配殿。封塞了宝城的方城券洞，并在城台右掖增构了礓石簝路直达城台之上。明楼由木质梁架结构改为石券顶结构。

第二十二章　德陵

位于潭峪岭西麓，是明朝第十五位皇帝明熹宗天启皇帝朱由校和皇后张氏（明熹宗懿安皇后）的合葬陵寝。

熹宗朱由校，明光宗长子，万历三十三年（1605）十一月十四日生，泰昌元年（1620）九月六日即皇帝位，次年改元天启。天启七年（1627）八月二十二日去世，年23岁，谥“达天阐道敦孝笃友章文襄武靖穆庄勤哲皇帝”。崇祯元年（1628）三月八日葬德陵。

德陵是明代营建的最后一座皇陵，修建时熹宗刚刚过世不久。

崇祯皇帝登基时，明王朝面临严重的政治危机和经济危机，营建德陵遇到了不少难题，最初只拨给50万两白银，这对营造一座皇陵是远远不够的，于是工部向皇帝建议向各州县加派，“大者派二百二十两，中者一百八十两，小者派一百两。”同时开纳事例银，各府、州、县的官员因政绩不佳、办事疲软被查处的，都可以纳银官复原职。明朝修建皇帝陵墓，最初取于国库，中叶出

现“场面官营陵”，到了营建德陵时，捐助、加派等各种手段全部上阵。营陵费用的这一变化，是明王朝由盛而衰的缩影。

德陵始建于天启七年（1627）9月，历时5年，于崇祯五年（1632）二月竣工，占地50亩，耗资白银200万两。建有无字碑、三座门、棂星门、陵墙、方城、明楼、宝城、宝顶等地面建筑和其他附属建筑以及排水系统，在十三陵各陵墓中为中等建筑规模。德陵的陵宫建筑总体布局呈前方后圆形，总体布局仿效昭陵，但宝城内的琉璃照壁和牌楼门前的三座门都是仿效庆陵。两进院落连成一个整体。陵前建五孔石桥、神功圣德碑亭。第一进院落以祾恩门为

门，院内建有祾恩殿及左、右配殿及神帛炉。第二进院落以三座门为门，内建棂星门及石供案。第二进院落后为圆形宝城，建有方城、明楼。明楼内立圣号碑，碑首作方形，前后浮雕二龙戏珠，碑额刻“大明”二字，碑身正面刻楷书“熹宗皇帝之陵”，碑趺为须弥座形，其上所饰图案较为独特。其他明陵圣号碑碑趺以云龙图案为主，而德陵明楼内圣号碑碑趺上枋雕饰二龙戏珠，下枋雕饰“螺、轮、伞、盖、花、罐、鱼、肠”佛教八宝图案及“方胜、古钱、宝珠、三套环、珊瑚、犀角”等道教的杂宝图案。明楼后宝城内有哑巴院，哑巴院墙壁上有随墙式琉璃照壁，照壁后为宝顶，埋葬帝后的地下宫殿就在宝顶的下面。

德陵的与众不同之处在于明楼一些建筑图案别具特色，别的皇帝陵都是云龙图案，而德陵则上雕二龙戏珠，采用了道教的“八宝”、“八吉祥”的图案，下雕佛道两家的吉祥宝物，包括犀角、珊瑚、法螺、宝伞、莲花等这也算明陵中的一个特例吧。

第二十三章　思陵

明思陵，位于陵区西南隅的鹿马山（又名锦屏山或锦壁山）南麓，是明朝最后一帝朱由检（年号崇祯）及皇后周氏、皇贵妃田氏的合葬陵墓。

1644年，由李自成率领的农民起义军攻陷北京，走投无路的明朝最后一个皇帝崇祯，仓惶逃出宫中，用一束白绫将自己吊死在煤山东侧的槐树下，结束了自己作为皇帝的一生。

清朝入主中原后，为收买人心，笼络汉族地主阶级为清廷效力，始将这座葬有崇祯帝后的妃子坟命名为“思陵”，并改葬崇祯帝后，

营建了地上园寝建筑。按《清世祖实录》记载，清廷下令以礼改葬崇祯帝后，并营建思陵建筑，时在顺治元年（1644）五月。

为了显示对前朝皇陵的尊重，顺治年间，颁发圣旨，要求有关部门对前朝陵墓进行修缮和维护，上谕工部：

“前代陵寝，神灵所栖，理应严为保护。朕巡幸畿辅，道经昌平，见明朝诸陵、殿宇、墙亘，倾废已甚，近陵树木多被斥伐，向来守护未周，殊不合理。尔部即将残毁诸处尽行修葺。现存树木永禁樵采，添设陵户，令其小心看守。责令昌平道官不时严加巡查。尔部仍酌量每年一次或两次差官查阅，勿致殊虞。

特谕。

钦此。”

思陵的修建和改葬就是在这样的背景下开始的。但是，由于种种原因，思陵的改葬开隧和营建却是举步维艰。首先是工程组织不能迅速落实。该工程本应由工部及内官监负责，但工部却因缺员而不能分任。内官监虽已责成总理冉维肇，管理高推、王应聘三员内官专司督理，但大概是由于“故君之事，既无赏可冀，又无罚可畏”，所以，虽经原任明朝司礼监掌印太监曹化淳屡次劝勉，三人却总是置若罔闻，三秋已过，冬至将临，开工仍杳无日期。为此曹化淳不得不在顺治元年（1644）十一月上奏说：“礼，为旧君有服，不知诸臣何以置念？且时虽寒沍，地气尚暖，及今犹可开挖隧道，先妥梓宫，其立碑建亭，姑俟来春举行，倘再悠忽，是迟一日之工作，即虚一日之旷典，如作速报竣之明纶何？伏乞天语严饬该监刻期赴陵，先开隧道，来春亟建亭碑，万勿藉词缓诿沉阁（搁）……庶恩旨信而大义昭垂，芳万世而无斁矣。”顺治皇帝览奏朱批：“思陵作速经营，已奉有旨，该监何得玩泄？冉维肇等姑且不究，著即刻期赴工，先开隧道，其余俟来春报竣。如再延诿，定行重治。”其次是工程所需银两不

能及时到位。在顺治帝的严旨切责下，负责思陵营建的冉维肇等人只得尽快趋赴工所，并于十一月二十九日兴工开挖隧道，思陵采石等工也正式开始。当时，本应同时并举的工程计有三项：一是思陵营建，二是葬张皇后于德陵，三是葬万历妃刘氏于银钱山。三项工程估价为3000两白银。银两的来源，原奉旨赐陵地租银1500两，文武百官及内臣捐助1500两。但事实上，直到该年十二月，陵租虽已征收，但工程所须银两却不知从何处关领。文武大臣捐助之银却差一半有余。所以，工程开始时，工部所掌握的银两只有1000两，而开工时督送至工所的银两又只有110两。为此，曹化淳以及原任秉笔太监车应魁、王德化，随堂太监王之俊、卢维宁等人只得于该年十二月移文内院，催办银两解送事宜。

在曹化淳等人的催促下，顺治二年（1645）九月，思陵改葬等工程终于完成。十日，工部尚书兴能上奏，请示以余剩银两，建造香殿。十二日，顺治皇帝批示："知道了，余银修造事宜，工部看议具奏，钦此。"十月二十七日，平西王吴三桂又捐银千两，助建思陵，思陵的工程才暂告一段落。顺治十一年八月，清代著名学者谈迁曾赴思陵拜谒，他在《北游录》一书中记述了当时思陵的建筑规制："周垣之南垣博六十步。中门丈有二尺，左右各户而钥其右。……垣以内左右庑三楹，崇不三丈。几案供奉明怀宗端皇帝神位（此处当指享殿内）。循壁而北，又垣。其门、左右庑如前。中为碑亭，云'怀宗端皇帝陵'，篆首'大明'。……进此垣，除地五丈则石坎，浅五寸、方数尺，焚帛处。坎北炉瓶五事，并琢以石。稍进五尺，横石几，盘果五之，俱石也。蜕龙之藏，涌土曰三四尺，茅塞榛荒，酸枣数本。”同书《纪文·思陵记》又谓，思陵享殿为“三楹”（三间），“奉先帝木主”；碑亭（文中称“内殿”）有额，有金书“思陵”二字。亭内石碑“大明”亦为金字。碑刻“怀宗端皇帝陵”。

顺治十六年，思陵的建筑又稍有变化。该年三月，陵前增碑亭一座。十一月，去崇祯帝“怀宗”庙号。并改谥“庄烈愍皇帝”。陵内石碑、神牌字迹随之而改。十二月，顺治皇帝下《谕修明崇祯帝陵诏》，其具体修建项目不详于文。但从康熙年间谭吉璁《肃松录》所记思陵制度看，思陵虽经顺治十六年的修建，但并无大的变化。该书所记思陵的建筑情况是：“碑亭南北四丈八尺，修三丈。享殿，距门十三步，阶三，无台，殿三楹，广七丈二尺，修四丈二尺，内香案一，青琉璃五，器全设。一神牌，高二尺五寸，石青地，雕龙边，以金泥之，题曰‘大明钦天守道敏毅敦俭宏文襄武体仁致孝庄烈愍皇帝’。中楹为暖阁，长槅六扇，中供木主三，中则庄烈愍皇帝，左则周后，右则田妃，外俱用椟冒之。周后神主题曰‘大明孝敬贞烈慈惠庄敏承天配圣端黄后’，田妃神主仅存‘恭懿’二字，余被人磨去矣。配殿三楹，俱黑瓦。殿前大杏树一株。陵寝门三，距殿址四步，穴墙为门，中广二丈四尺，修一丈二尺，傍则户矣。明楼距门十一步，不起楼，阶四，中开一门，左右夹窗二。碑石广一丈六尺，修六尺，雕龙，方座，高丈许，题曰‘庄烈愍皇帝之陵’。石几距楼十步，长五尺，博

二尺。几前石器五，俱高八尺，方式雕龙。中一方鼎，与诸陵异，皆列于地。宝城距几甚近，无城，周围用墙，高六尺。中以石灰起冢，高四尺，缭以短垣，左松八株，右松七株。”

清乾隆年间，思陵先后两次修缮，陵园建筑规制又发生了新的变化。乾隆十年（1745）九月，刑部左侍郎钱陈群奉命祭祀思陵，发现思陵因长期失修，风雨剥落，殿庑倾圮严重，遂奏请修葺，并提出：遵世祖章皇帝奢靡不尚之谕旨办理。乾隆帝从其所请，下诏修缮思陵。直隶总督那苏图奉命督办该项工程。昌平州知州胡大化估报，修缮享殿三间，建造配殿六间，加上大门、二门、碑亭、甬路等工程共需工料银及烧造琉璃瓦银13900余两。后又经保定府同知永寿实地复核，认为“享殿三间虽久已倒塌，旧存木植砖块尚敷凑用，似应添补修葺，其余墙垣等项酌量粘补。其配殿六间久经倾圮，且地基窄狭，毋庸重修，以省靡费”。此议于乾隆十一年十一月经那苏图奏请乾隆皇帝同意后遂只将思陵享殿、垣墙修好，配殿废而未修。

乾隆五十年（1785）三月，修葺十三陵，思陵是其中之一。因“顺治年间改建思陵，而一切明楼、享殿之制未大备”，特命“重为修葺，悉如别陵。并普立神牌木主供奉，以妥享祀”。修陵大臣工部尚书金简等人经实地勘察提出，思陵“仅有享殿三间、碑亭一座，规制颇觉狭小。伏思我世祖章皇帝定鼎之初即命以帝礼改葬，兹复仰奉谕旨，不惜帑金修葺诸明陵寝，似应就现在地势加筑月台，将旧碑亭移建月台之上，后墙略为加高，宝顶随墙添土，并将原建享殿三间改造五间，宫门一间改造三间。用彰恩施优渥”。于是，思陵的陵门改建成了硬山顶式的三间门楼，享殿建成了面阔五间（通阔17.3米），进深三间（通深8.5米）的单檐歇山顶式建筑。石雕五供之后也建起了无马道、宇墙的单面墙式的宝城墙，和城台及重檐歇山顶式的明楼。

在陵园的管理上，思陵和其他明陵一样，在清代设置有司香内使（守陵太监）二名、陵夫八名，照役给予香火地亩。每年春秋二季，分由太常寺差官至陵致祭。清廷每年还委派工部堂官一员，赴陵检查陵园建筑，时加修葺。

思陵，虽然终清之世一直是崇祯皇帝的陵名，但在顺治、康熙年间，一些知识分子却不称其为思陵而称之为“攒宫”。如顾炎武在《昌平山水记》中就直称思陵为“攒宫”，并加以解释说：“昔宋之南渡，会稽诸陵皆曰攒宫，实陵而名不以陵。《春秋》之法，“君杀，贼不讨不书葬”，实葬而名未葬。今之言陵者，名也。未葬者，实也。实未葬而名葬，臣子之义所不敢出也”。《帝陵图说》的作者梁份亦云：“烈皇帝殡于田妃墓，国耻未雪，不谓之攒宫不可也!以陵称不可也!以思称尤不可也!”显然，他们是站在明王朝的立场上，认为明朝的国耻未雪、君父之仇未报，因此，崇祯帝虽葬于田妃墓中，但却不能称“葬”，思陵也不能称“陵”。他们拒不接受清朝为崇祯帝墓所定的陵名，反映了他们对清朝统治者的不满和对明朝的怀念。

明代皇陵堪舆大事记

1368年初，朱元璋在南京即皇帝位，国号大明，建元洪武。

洪武十四年（1381），朱元璋命中军都督府佥事李新在紫金山独龙阜玩珠峰下，主持营建陵寝，陵寝工程于是正式破土动工。

洪武十五年（1382），马皇后去世，先葬入陵寝地宫。因为马皇后谥“孝慈”，陵寝便被命名为“孝陵”。

洪武三十一年（1398），朱元璋病逝，启用地宫与马皇后合葬。

建文元年（1399），时为燕王的朱棣发动了历史上有名的“靖难之役”经过三年的艰苦战争，1402年，朱棣兵马攻入南京，从侄儿朱允　手中夺得宝座，自己当了皇帝，年号永乐，史称明成祖。建文帝朱允炆下落不明。

永乐四年（公元1406），派出大臣于北京开始奉旨征调工匠、民夫上百万人，正式开始营建北京宫殿。

永乐五年（1407），皇后徐氏病故，陵墓的营建提到议事日程上来。次年（1408）上半年，派遣礼部尚书赵玨及“江西派”风水大师廖均卿等人远赴北京城郊卜选陵地。

永乐五年，明成祖朱棣亲赴北京前往北京昌平黄土山定穴位，钦定廖均卿所点穴位。同时，下令将黄土山改名为天寿山

永乐七年（1409），明成祖朱棣下令自建“寿宫”—长陵。

永乐十一年（1413），长陵地宫建成。

永乐十四年（1416），长岭整体工程全部完工。

永乐十九年正月（1421），朱棣在北京御奉天殿，朝百官，大祀南郊。迁都大政至此基本完成。

永乐二十二年（1424），明成祖朱棣驾崩，下葬于长陵。世子朱高炽即位，是为明仁宗，改元洪熙。

洪熙元年（1425），明仁宗因积劳成疾，突发心脏病猝死，明宣宗朱瞻基即皇帝位，次年（1426）改元宣德。

宣德元年（1425），明仁宗朱高炽下葬地宫。地面建筑开始兴建，是为献陵。位于长陵西北约1公里处。

宣德十年（1435），逝于乾清宫,享年37岁。明英宗朱祁镇即位。

宣德十年（1435），明宣宗陵寝—景陵正式动工。具体位置在长陵和献陵的北面，距献陵不过半公里，距长陵也只有1.5公里。明宣宗朱瞻基当年下葬景陵。

1436年，明英宗朱祁镇改元正统，是年为正统元年。

正统七年（1442）十二月，开始修建献陵明楼，次年三月，陵寝建筑全部完工。

正统十四年（1449），英宗亲征，兵败土木堡，被瓦剌俘虏。
王朱祁钰被拥立

为帝，是为代宗，改元景泰。

景泰八年（1457），武清侯石亨等发动夺门之变，英宗复位，改元天顺。

天顺七年（1463）三月十九日，明宣宗朱瞻基景陵陵寝工程全部完毕。其间断断续续共历28年的时间。

天顺八年（1464）正月十七日，英宗去世，临终遗诏止殉，结束了宫人殉葬的残酷制度。明宪宗朱见深即位。

天顺八年（1464）二月二十九日，明英宗陵寝—裕陵开始修建。五月，陵寝玄宫建成，八月，英宗葬裕陵。

1465年，明宣宗朱见深改元成化。

成化二十三年（1487）八月二十二日，明宪宗朱见深去世,年41岁。明孝宗朱佑樘即位，次年改元弘治。

成化二十三年（1487）九月十五日，终于定下其陵寝名称为茂陵。同日嗣皇帝孝宗朱佑樘下旨建陵。

成化二十三年（1487）九月十九日山陵启土动工，所役京营军将达4万之众。十二月十七日，葬宪宗及孝穆太后。地宫前后建设不过三个月。

弘治元年（1488）四月二十四日，茂陵陵寝工程竣工，共用了七个多月的时间。

弘治十八年（1505）五月七日，明孝宗朱佑樘逝于乾清宫，享年36岁。明武宗朱厚照即位，次年改元正德。

弘治十八年（1505）六月五日，陵园正式兴工，并定陵名为泰陵。十月十九日，明孝宗朱佑樘下葬泰陵。

正德十四年（1519），明世宗嘉靖皇帝的父亲恭壑献皇帝和母亲章圣皇太后的合葬墓，明显陵于湖北钟祥开始修建。

正德十五年（1520），显陵陵区的第一个宝城修建完毕，被称为前宝城，是朱祐杬死后按藩王规制建兴献王坟时建造的。

正德十六年（1521），明武宗朱厚照去世。明世宗朱厚熜即位，次年改元嘉靖。

正德十六年（1521）四月，明武宗朱厚照陵寝—康陵开始修建。

嘉靖元年（1522）六月，康陵陵园建成。

嘉靖七年（1528），明世宗朱厚熜的皇后陈氏去世。明世宗命辅臣张璁及兵部员外郎骆用卿等人为陈皇后选择陵地。

嘉靖十五年（1536），明世宗开始修建其百年之后的陵寝，是为永陵。系其在位时营建的“寿宫”。

嘉靖十八年（1539），明显陵第二个宝城开始修建，被称为后宝城，是朱祐杬被追尊为皇帝后与其妻合葬时修建的新宫。

嘉靖四十五年（1566），明显陵建成，前后历时共47年。

嘉靖四十五年（1566）十二月十四日，明世宗朱厚熜逝于乾清宫，享年60岁。明穆宗朱载垕即位，次年改元隆庆。

隆庆元年（1567）三月十七日，明世宗朱厚熜下葬永陵。

隆庆六年（1572）五月二十六日，明穆宗朱载垕于乾清宫病故，享年36岁。明神宗朱翊钧即位，次年改元万历。

隆庆六年（1572）八月二十二日，迁孝懿皇后李氏棺椁葬昭陵，九月十九日，明穆宗朱载垕下葬昭陵。

万历十二年（1584）明神宗朱翊钧为自己所建的“寿宫”—定陵开始施工，前后历时6年方完成，耗银八百万两。陵墓建成时皇帝只有28岁，直到1620年才正式启用，该陵墓整整闲置达30年之久。

1616年，后金在关外建国，清太祖努尔哈赤登基，是年为天命元年。

万历四十八年（1619），明神宗朱翊钧去世。明光宗朱常洛即位，次年改元泰昌。

泰昌元年（1620），明神宗朱翊钧下葬于定陵。

泰昌元年（1620），明光宗朱常洛去世。明熹宗朱由校即位，次年改元天启。

天启元年（1621），明光宗朱常洛陵寝—庆陵的地下玄宫开始修建，三月定穴，七月二十九日合龙门，历时四个月，耗帑银150万两。位于北京昌平天寿山陵内黄山寺二岭南麓，是朱常洛和皇后郭氏、王氏、刘氏的合葬陵寝。

天启七年（1627）八月二十二日，明熹宗朱由校去世，年23岁。明思宗朱由检即位，次年改元崇祯。

天启七年（1627）九月，明熹宗朱由校陵寝—德陵开始修建历时5年，于崇祯五年（1632）二月全部竣工。

崇祯元年（1628）三月八日，明熹宗朱由校下葬德陵。

崇祯十七年（1644），北京城破，明思宗朱由检自杀于北京景山，大明王朝结束。清朝入关，清世祖顺治皇帝登基。